4 오싹한 초대, K마스 프로젝트

글 서해경 | 그림 이경석 | 감수 김문주(EBS 초등 강사)

글 **서해경**

어렸을 때는 친구들에게 이야기를 들려주었고, 지금은 이야기를 글로 쓰고 있습니다. 글을 쓸수록 신기하고 궁금한 것들이 많아집니다. 이런 호기심을 글로 풀어내려고 합니다. 《통신문》 시리즈, 《꼬불꼬불나라의 이야기》 시리즈, 《더불어 사는 행복한 정치》 등을 썼고, 초등 국어교과서에 《들썩들썩 우리놀이 한마당》이 실렸습니다.

그림 **이경석**

기발하고 웃음 가득한 그림을 그리고 싶은 만화가이자 일러스트레이터입니다. 만화책 《좀비의 시간》 《음식이는 재수 없어》 등을 쓰고 그렸으며, 그린 책으로는 《읽자마자 수수께끼 왕!》 《수상한 유튜버 과학탐정》 《엄마, e스포츠 좀 할게요!》 《퀴즈, 유해 물질!》 《정약전과 자산어보》 《한밤의 철새통신》 《빛난다! 한국사 인물 100》 등이 있습니다.

감수 **김문주**

현직 청수초등학교 교사이자 EBS 초등 강사입니다. 어린이들에게 하나씩 알아가는 재미, 배움의 즐거움을 느끼게 해 주고 싶습니다. 〈EBS 라이브 특강〉 〈온라인 개학〉 등의 강의를 진행하였으며, 다수의 EBS 초등 과학 콘텐츠 및 교재 개발에 참여하고 있습니다.

1판 1쇄 발행 2022년 8월 22일
1판 3쇄 발행 2024년 11월 10일

글 서해경 | 그림 이경석 | 감수 김문주

펴낸이 김유열 | **디지털학교교육본부장** 유규오 | **출판국장** 이상호
교재기획부장 박혜숙 | **교재기획부** 장효순

기획·책임편집 전윤경 | **디자인** 김신애 | **인쇄** 명진씨앤피

펴낸곳 한국교육방송공사(EBS)
출판신고 2001년 1월 8일 제2017-000193호
주소 경기도 고양시 일산동구 한류월드로 281
대표전화 1588-1580 | **이메일** ebsbooks@ebs.co.kr
홈페이지 www.ebs.co.kr

ISBN 978-89-547-6739-2 74400
      978-89-547-5927-4 (세트)

ⓒ 2022, EBS·서해경·이경석

사진 협조 Shutterstock

이 책은 저작권법에 따라 보호받는 저작물이므로 무단 전재 및 무단 복제를 금합니다.
파본은 구입처에서 교환해 드리며, 관련 법령에 따라 환불해 드립니다. 제품 훼손 시 환불이 불가능합니다.

추천사

　지금은 21세기입니다. 이젠 과학을 문화로 즐길 수 있어야 행복한 시대입니다. 과학을 즐긴다는 것은 무엇일까요? 세상의 모든 과학 지식을 습득한다는 말은 아닙니다. 과학 지식은 엄청나게 빨리 확장됩니다. 과학자조차도 쫓아갈 수 없을 정도죠. 과학을 즐긴다는 것은 과학자처럼 창의적으로 생각하고 과학자처럼 세상을 대하는 태도를 갖는다는 말입니다.

　그런데 과학적인 사고방식과 태도는 저절로 하늘에서 떨어지는 게 아닙니다. 과학을 즐기기 위한 마중물이 필요합니다. 기초적인 지식이죠. 그런데 이게 벌써 장벽이더라고요. 『과학이 BOOM!』 시리즈는 과학 세계로 들어가는 장벽을 낮추고 문을 넓혀 주는 책입니다. 아무런 강요 없이 초등학생이 알아야 할 과학에 관한 전반적인 것을 알려 줍니다. 초등학생은 물론이고 부모님께도 추천합니다.

이정모 (국립과천과학관장)

　궁금한 것도 많고 알고 싶은 것도 많을 때, 가장 좋은 방법은? 바로 정확한 정보가 담긴 좋은 과학책을 읽는 것입니다.

　과학책은 대부분 어렵고 지루하고 재미없어서 싫어한다고요? 하지만 세상에는 유튜브보다 빠르게, 틱톡보다 재미있게 과학 궁금증을 풀어내는 과학책도 존재합니다. 바로 『과학이 BOOM!』 시리즈입니다.

　"난 평범하게 살고 싶어!"를 외치면서도 과학 천재인 본모습을 숨기지 못하고 언제 어디서나 '여기서 잠깐!'을 외치는 수호를 따라 책장을 넘기다 보면, 어느새 궁금증은 해결되어 있고 나아가 궁금증에 대한 답을 찾는 원리까지 알게 됩니다. 엉뚱한 매력의 신기한 과학책, 『과학이 BOOM!』 시리즈를 통해 과학의 즐거움을 만끽하시길 바랍니다.

하리하라 이은희 (과학커뮤니케이터)

 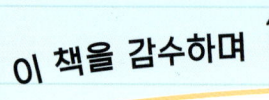 

이 책을 감수하며

짜릿한 숨은 과학 찾기

　우주에서 지구를 바라보면?
　푸른색, 갈색, 하얀색 등이 어우러진 모습이 참 멋지지요. 지구를 따라다니는 달도 보여요.
　줌 인! 지구를 더 가까이 볼까요?
　넓게 펼쳐진 들, 구불구불 흐르는 강, 파도가 치는 바다도 볼 수 있어요. 와! 바닷가에는 코끼리 모양, 촛대 모양의 바위도 있네요.

　이런 아름다운 지구의 모습은 어떻게 만들어진 것일까요?
　『과학이 BOOM!』을 읽으면 우리가 사는 행성인 지구를 쉽고 재미있게 이해할 수 있습니다. 이 책의 흥미진진한 이야기 속에는 신비롭고 놀라운 과학 지식이 숨어 있지요. 이야기를 읽으면서 얻게 되는 과학 지식은 기억에 오래 남을 뿐만 아니라 여러분의 호기심과 상상력을 더욱 자극할 거예요.

또 이 책은 교과서에 나오는 과학 지식을 아주 명쾌하게 설명해 줍니다. 바로, 이야기 중간중간 나오는 '여기서 잠깐!' 코너에서요. 개성 있는 등장인물들의 재치 있는 설명과 귀여운 그림이 알아 가는 재미를 더해 줄 거예요. 게다가 '과학 레벨업 하기' 코너에서는 교과서를 넘어 더 깊이 있는 내용까지 담고 있어 여러분의 과학 실력을 한 단계 더 나아가게 할 것입니다.

『과학이 BOOM!』을 읽으며 지구에 감추어진 비밀을 찾아보세요. 이야기 속에 숨어 있는 과학을 찾는 짜릿함과 '아하!' 배움의 즐거움으로 시간 가는 줄 모를 거예요.

EBS 초등 강사 **김문주**

1장 K마스 프로젝트 · 지구의 모습 ············ 10
과학 3-1 옛날 사람들이 생각한 지구의 모습 / 지구의 모양

2장 가이아에 가다 · 지구의 대기 ············ 24
과학 3-1 지구를 둘러싼 공기의 역할

3장 사람이 만든 생태계, B612 · 지구의 흙 ······ 44
과학 3-2 흙이 만들어지는 과정 / 운동장 흙과 화단 흙

4장 거대 복숭아와 몽땅이 · 물의 순환 ········ 64
과학 3-1 지구의 물
과학 4-2 물의 순환

5장 우리 갇힌 거야? · 하천 지형 ············ 78
과학 3-2 흐르는 물이 바꾸는 지표의 변화 / 강 주변 지형의 모습

6장 아무래도 너무 수상해 · 지구와 달 ········ 98
과학 3-1 달의 모습 / 지구와 달의 환경
과학 6-1 지구의 자전과 공전 / 달의 위치 변화

7장 B612 물에 잠기다! · 지구의 지형 ········ 120
과학 3-1 지구 표면의 모습

8장 안녕, B612 · 해안 지형 ········ 140
과학 3-2 바닷가 주변 지형의 모습

부록 과학 레벨업 하기

• 민물과 바닷물은 어떻게 다를까? ········ 158
과학 3-1 육지와 바다 비교

• 강이 만든 하천 지형 ········ 159
과학 3-2 강 주변 지형의 모습

• 달의 모양은 왜 늘 달라질까? ········ 160
과학 6-1 달의 모양 변화

주요 등장인물

 수호

나 알지? 평범하게 살고 싶은 천재 소년. 이번에 k마스 프로젝트를 위해 아주 특별한 섬에 가게 되었어. 그런데 안느와 세찬이도 함께 가게 되었지 뭐야!
친구들과 함께하다니 너무 좋아!

 안느

난 고양이를 정말 아주 많이 좋아해. 이번에 수호랑 가게 되는 섬에도 고양이가 있을까? 그럼, 친구가 되어서 재미있게 놀아야지. 이번 섬 여행에는 어떤 일이 기다릴지 궁금해!

세찬

나야 나! 먹는 거랑 자전거 타기, 재활용품으로 뭐 만드는 걸 가장 좋아하는 쿨한 소년! 안느는 만날 먹을 거만 챙긴다고 자꾸 구박하지만, 나중에 분명히 하나만 달라고 할걸?

그 외 등장인물

구세원

난 오목섬에서 진행되는 K마스 프로젝트에 참여하고 있는 구세원이라고 해. 마지막 테스트를 위해 수호를 데려가려고 왔는데 안느랑 세찬이까지 같이 가게 되었네? 왠지 불안해. 아무 일도 없겠지?

김영란 소장

세상에! 우리 프로젝트에 아이들이라니. 여기가 무슨 놀이공원이냐고! 아! 난 K마스 프로젝트의 총책임자야. 이 프로젝트만 잘 진행되면 앞으로 인류는 화성에서도 살 수 있을걸?

박응수 사장

난 이 말이 하고 싶군. 우주는 말이지 주인이 없어. 그 얘기는? 누구든 먼저 깃발을 꽂으면 그게 바로 자기 거라는 말이지. 난 K마스의 사장으로서, 곧 화성에 깃발을 꽂을 거야. 화성은 곧 내 거라고! 후후후.

이번에 난 화성에서 사람들이 살 수 있는지 실험하는 'K마스 프로젝트'에 참가해. 화성을 지구처럼 바꾼다는데, 그러려면 지구가 어떤 곳인지 먼저 알아야겠지? 그럼, <u>지구의 탄생과 지구가 둥글다는 증거</u>에서부터 시작해 볼까?

K마스 프로젝트

★ 지구의 모습 ★

1장

 "이상하지?"

"뭐가?"

세찬이가 홍삼 젤리를 입에 넣고 안느에게도 하나 건넸다.

"안 먹어. 넌 수호한테 관심도 없냐?"

"교외 체험 학습 한다고 했잖아, 선생님이."

"그러니까 어떤 교외 체험 학습이기에 일주일이나 학교에 안 오냐고. 우리한테 말도 안 했잖아."

"하긴 걔는 울 학교를 엄청 좋아하지. 난 전~혀 이해할 수 없지만."

"아! 전염병에 걸렸나? 그래서 연락도 못 하는 거 아냐?"

세찬이가 주먹으로 손바닥을 탁 치며 말했다.

"수호네 가자."

"진짜 전염병이면 어쩌려고? …… 알았어."

안느가 째려보자, 세찬이가 한숨을 쉬었다. 그렇게 안느와 세찬이는 자전거를 타고 수호네 집으로 달렸다.

"저기 봐."

세찬이가 수호네 현관문을 가리켰다. 슬리퍼가 문틈에 끼어 문이 살짝 열려 있었다. 안느와 세찬이가 잠깐 마주 보다 씩 웃으며 집 안으로 들어갔다.

수호네 집 거실에선 수호 부모님과 머리를 묶은 남자가 소파에 마주 앉아 이야기 중이었다. 남자 목에 걸린 직원증엔 얼굴 사진과 함께 '구세원'이라 적혀 있었다.

"K마스 프로젝트는 화성에 인공 생태계를 만들면 사람이 살 수 있는지 실험하는 거예요."

수호가 나섰다. 그리고 설명을 이어갔다.

"화성에 사람이 살 수 있는지 실험하는 건 여러 단계가 있어요. 첫 단계는 화성에 밀폐된 장소를 만들고 필요한 모든 물건을 지구에서 가져가는 거예요. K마스 프로젝트는 이 첫 단계에서 몇 걸음 발전한 수준이고요. 마지막 단계는 화성을 지구의 자연환경처럼 만드는 거예요. 지구가 탄생한 시간을 생각하면 이건 불가능할지도 몰라요. 그래도 화성에서 산다고 상상하는 것만으로도 가슴이 막 뛰고 벅차잖아요. 하아, 휴~!"

수호의 숨이 가빠지고 얼굴은 빨개졌다. 수호는 아주 기쁘고 매우 기대에 차고 엄청나게 신난 게 분명했다.

"어쩌지?"

수호 엄마, 아빠가 마주 봤다.

"2년 동안 준비한 프로젝트예요. 제 로봇들이 제대로 작동하는지 직접 보고 싶어요. 전 꼭 가야 해요."

"저희도요!"

안느와 세찬이가 현관 중문 틈에 머리를 내밀고 소리쳤다.

"너희……."

수호 눈이 동그래졌다.

"너희는 누구니? 우리가 하는 말…… 들었겠구나?"

구세원의 눈도 동그래졌다.

"우리 애 친구들이에요."

수호 엄마가 어색한 미소를 지으며 일어섰다.

"어쩐 일이니, 벌써 수업 끝날 시간인가? 암튼 들어와."

안느가 냉큼 신발을 벗고 수호에게 다가갔다. 세찬이는 쭈뼛대며 안느 뒤를 따랐다.

"근데 너희 부모님이 허락하실까? 물론 비밀인 거 알지?"

수호 엄마가 안느와 세찬이에게 걱정스럽게 물었다.

"그럼요. 직접 얘기해 주시면 엄마가 허락할 거예요. 그러곤 제가 교외 체험 학습 한다고 학교에 전화하시겠죠."

안느가 수호 엄마를 보며 눈썹을 찡긋했다.

"어, 내가……? 그래, 내가 전화해야겠네."

수호 엄마가 한숨지었다.

"잘됐다!"

수호가 팔짝팔짝 뛰었다. 부모님이 얼떨결에 K마스 프로젝트에 참여하는 걸 허락한 거다. 안느와 세찬이도 눈치챘는지 서로 눈빛을 주고받으며 씨익 웃었다.

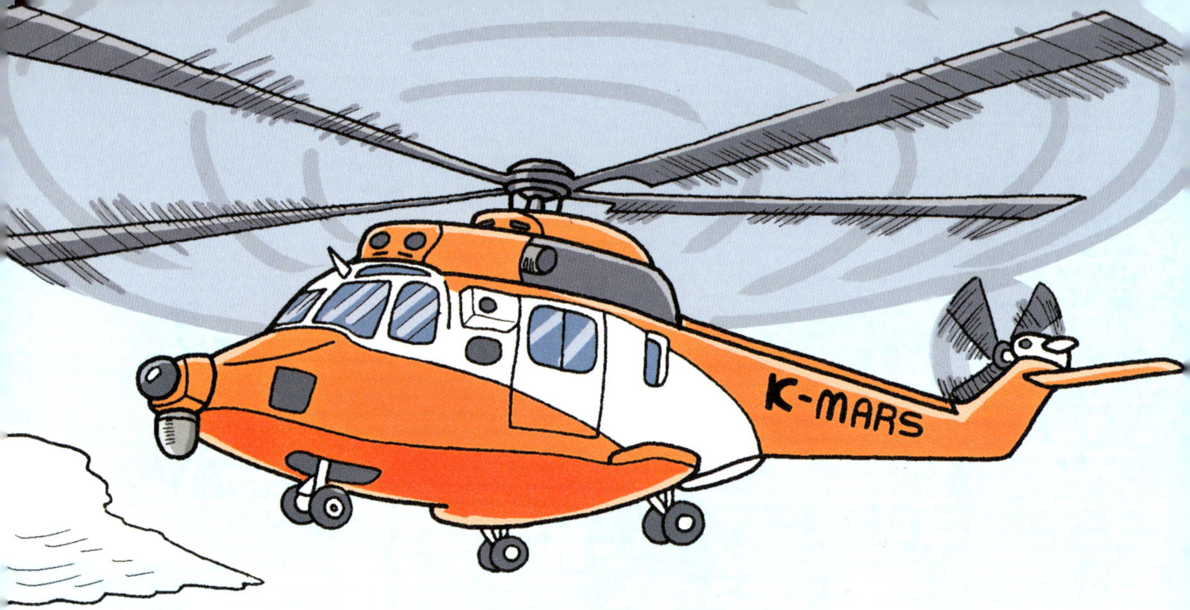

다음 날, 수호 부모님이 아이들을 비행장에 데려다주었다.

"나 진짜 서운해. 네가 이렇게 대단한 과학 천재라는 거 왜 말 안 했어? 우리 못 믿어?"

헬리콥터를 타러 가며 안느가 수호에게 물었다.

"털뭉치 찾으러 뒷산에 갔을 때 말했어."

수호의 말에 안느가 세찬이에게 고개를 돌렸다.

"난 기억 안 나. 넌 기억나?"

"응. 근데 농담인 줄 알았어."

세찬이는 헬리콥터를 관찰하느라 건성으로 대답했다.

"너희를 데려가는 건 계획에 없던 일이야. 비밀 꼭 지켜야 해, 알았지? 특히 소장님은 엄청 까다롭다고."

몸 조심해, 애들아~.

수호의 말에 세찬이가 헬리콥터에서 시선을 떼고 물었다.
"K마스 프로젝트가 인공 생태계를 만드는 실험이라고 했지? 그런데 네가 만든 로봇이 왜 필요해?"
가끔 세찬이는 기억력이 아주 좋다.
"K마스 프로젝트는 외부와 단절된 곳에 인공 생태계를 만들고, 먹을 것을 직접 생산해서 생활할 수 있는지 실험하는 거야. 로봇이 대신 일도 해 주고 실험도 도와주지. 실제로 화성에 사람이 살게 되면 로봇이 많은 역할을 할 거야. 거기 가면 내가 설계한 로봇들을 볼 수 있어."
수호가 쑥스러운 듯 웃었다.

지구의 탄생

기대하시라. 지구 탄생의 비밀! 개봉 박두!

약 46억 년 전, 태양 주위는 먼지와 가스가 가득했어.
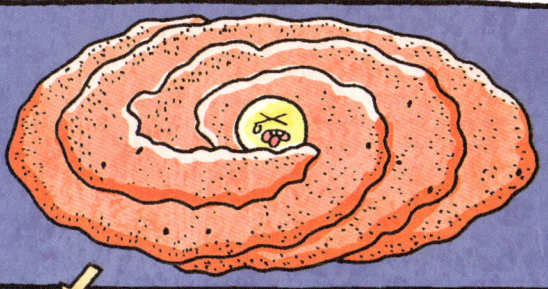

그러다 먼지와 가스 일부가 뭉치면서 8개의 덩어리가 생겨났지.

그 덩어리들은 주위의 물질들을 끌어당기면서 점점 커졌어.

아주 오랜 시간이 지난 뒤, 이 덩어리들이 8개의 행성이 되었어. 그중 하나가 바로 지구야.

태양의 자식들이네.

지구는 둥글다는 증거

 아래 이유들을 보면, 지구가 왜 둥근지 알 수 있어.

1. 달에 드리운 지구의 그림자

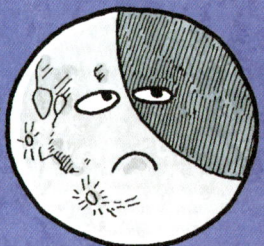

"그림자 싫어. 멍든 거 같아."

지구 그림자가 달을 가려서 달이 안 보이는 현상을 월식이라고 해. 이때 달에 지구 그림자가 비치는데, 둥근 모양이야.

2. 돛이 마지막에 사라지는 배

지구가 평평하다면 배가 육지에서 멀어질 때 점점 작아져도 전체가 다 보여야 해. 그런데 실제로는 배가 바다에 가라앉는 것처럼 보여. 마지막에 돛이 사라지지.

지구가 평평할 때

지구가 둥글 때

3. 마젤란의 세계 일주

지구가 둥글다는 걸 직접 증명한 사람이 있어. 바로 마젤란이야. 마젤란은 16세기 포르투갈 출신의 에스파냐 탐험가야. 빅토리아 호를 타고 에스파냐를 출발해서 계속 서쪽으로만 배를 몰았지. 새로운 대륙을 찾기 위해서였어.

마젤란은 탐사 도중 사망했지만, 빅토리아 호는 대서양 → 태평양 → 필리핀 → 인도양 → 희망봉을 지나 다시 에스파냐로 돌아왔어. 세계 일주를 한 거야.
만약 지구가 평평했다면 빅토리아 호는 지구 끝에서 우주로 떨어졌겠지? 하지만 지구가 둥글기 때문에 한 방향으로만 쭉 가서 원래의 자리로 되돌아올 수 있었던 거야.

공기는 안 보여.
냄새도 없고, 만질 수도 없지.
지구엔 공기가 있어서 우리가 숨 쉴 수 있어.
지구를 둘러싸고 있는 공기층을
대기라고 해. 이번 장에서는
대기는 어떤 기체로 이루어져 있는지
대기의 역할은 무엇인지 살펴보자.

2장

가이아에 가다

지구의 대기

 처음 타는 헬리콥터라 신났지만 2시간 넘게 앉아만 있었더니 엉덩이가 아팠다.

"저 섬이야. 대접처럼 섬 가운데가 오목해서 오목섬이라 불렸는데, K마스 회장이 가이아라고 이름을 바꿨어."

구세원이 바다 한가운데 섬을 가리켰다. 섬은 남쪽만 바다를 향해 열려 있었는데, 열린 부분을 거대한 방조제로 막아서 바닷물을 가둬 두고 있었다.

"저거 다 유리 벽이야!"

수호가 말했다.

돔 모양의 둥근 유리 벽이 섬 전체를 통째로 덮고 있었다.

유리 벽에 햇빛이 반사되어 눈이 부셨다.

"스노우볼 같아. 유리구슬 속에 있는 마을 있잖아."

세찬이가 고개를 끄덕였다.

"사람이 만든 생태계, B612야."

구세원이 설명했다.

"B612는 어린 왕자랑 장미꽃이 사는 소행성이잖아요."

안느가 말했다.

"와, 안느는 책을 많이 읽는구나. 맞아. 유리 벽 안에 생명체가 사는 게 어린 왕자의 장미 같아서 붙인 이름이야."

"우리 엄마가 《빨간머리 앤》 다음으로 많이 읽어 준 책이 《어린 왕자》거든요."

안느가 별거 아니라는 듯, 살짝 손사래를 쳤다.

헬리콥터는 방조제의 툭 튀어나온 곳에 내렸다. 그곳은 유리 벽 밖이고 선착장이기도 했다. 선착장 기둥에 묶인 배 2척이 파도에 출렁였다. 한 척은 깃대에 회색 돌고래 2마리가 푸른 바다를 헤엄치는 깃발이 펄럭였고, 다른 한 척은 뱃머리에

지구를 품에 안은 여신 조각상이 있었다.

"아무도 안 보이네요?"

세찬이가 가방을 어깨에 가로질러 메고 섬에 내렸다. 아빠의 낚시 가방에 바퀴를 단 건데, 세찬이의 보물 2호다.

"비켜 봐! 나 토할 거 같아."

안느가 하얗게 질린 얼굴을 좌우로 흔들었다.

"B612에 온 것을 환영합니다!"

구세원이 유리 벽 앞에 서서 두 팔을 활짝 벌렸다. 그 옆에 B612 출입문이 있었다. 구세원은 출입문 옆 센서의 덮개를 열고 눈을 댔다.

B162는 출입 시스템이 엄격해. 홍채를 등록한 사람만 들어갈 수 있지. 홍채는 지문처럼 사람마다 다 다르거든.

푸쉭! 공기 빠지는 소리가 들리며 땅속에 깊이 박힌 두꺼운 유리문이 열렸다. 열린 문 뒤로, 모래사장 사이에 난 노란 길이 보였다.

"오즈의 마법사에게 가는 노란 길 같아."

안느가 후다닥 방조제 계단을 내려가 조심스럽게 노란 길에 한 발을 디뎠다.

"그냥 섬 같은데, 바다랑 모래사장 있는."

세찬이는 B612로 들어가 주위를 둘러봤다.

"저건 진짜 바다는 아니야. 진짜 바다는 계속 움직이잖아. 파도가 치고 해류가 전 세계를 돌고."

수호가 아래는 방조제, 위는 유리 벽에 갇힌 B612의 바닷물 호수를 가리켰다.

"그래. 방조제로 막았으니 진짜 바다는 아니지. 하지만 진짜 바다처럼 산에서 시작된 물이 여기로 흘러 들어와. 또 방조제 수문을 통해 바닷물을 들인 거라 바닷물과 성분도 같아. 그래서 이곳을 B612의 인공 바다라고 불러. 봐, 다양한 해안 지형도 있잖아. 어, 너희 뭐 해?"

구세원이 설명하다 말고 아이들을 쳐다봤다. 아이들은 모래사장에 여행 가방을 펼치고 있었다. 안느는 물놀이 튜브를 불어서 바람을 넣고, 세찬이는 스노클링 마스크를 썼다. 수호는 거북 로봇 조종기를 꺼냈다.

"워~워~, 어린이 여러분, 여러분은 해수욕장에 놀러 온 게 아닙니다. 자, 갑시다!"

구세원이 노란 길을 가리켰다. 모래 언덕으로 이어졌다. 안느, 세찬, 수호가 서로 마주 봤다.

"내일은 놀아도 될 거야."

수호가 조종기를 가방에 넣었다. 아쉬웠지만 안느, 세찬이가 고개를 끄덕였다.

돌고래 튜브 타 볼 기회였는데.

오우~ 아까운 공기

퓌

유~

얘들아, 저기 넘으려면 서둘러야 해!

모래 언덕 위는 나무가 자라는 방풍림이었다. 방풍림 아래는 흙이 무너지지 않게 그물로 덮고 네모난 돌들로 눌러놓았다. 아이들은 구세원을 따라 모래 언덕을 올라 숲을 넘어 내려갔다. 노란 길은 언덕 아래까지 이어졌다.

"여기가 본관이야. B612를 통제하고 관리하는 관제실, 전산실, 기계실, 각종 연구실, 식품 저장고가 있어. 연구원 24명의 숙소도 있고."

구세원이 5층짜리 하얀 건물을 가리켰다. 그리고 가방에서 직원 출입증을 꺼내 수호에게 건넸다.

"깜박했네. 이거 네 거."

수호가 자신의 얼굴이 인쇄된 직원 출입증을 본관 출입문 센서에 댔다. 문이 열렸다.

수호가 어깨를 으쓱하곤 본관 안으로 들어갔다.

"B612에 온 것을 환영합니다, 정수호 군."

관제실에서 박응수 사장이 아이들을 반갑게 맞았다. 하지만 안경 뒤 작은 눈은 아이들의 모습을 날카롭게 훑었다.

"이런 이런! 우리 김 소장은 이래서 K마스의 사장이 못 되는 겁니다. K마스는 기업이에요. 기업은 돈을 버는 게 목적이고, 땅은 돈입니다."

박응수 사장이 김영란 소장 앞에서 검지를 흔들며 고개를 저었다. 하지만 김영란 소장은 박응수 사장을 무시하고 구세원에게 물었다.

"여기가 놀이공원입니까?"

구세원 얼굴이 빨개졌다.

"아저씨가 잘못한 거 아녜요. 저희가 막 우겨서 따라온 거예요. 근데 진짜 아무한테도 말 안 할 거예요. 약속해요."

안느가 김영란 소장에게 새끼손가락을 내밀었다.

"어린 친구들을 겁주지 마세요."

이번엔 구세원이 세찬이와 김영란 소장 사이에 끼어들었다.

"하지만 소장님 말씀은 중요하니까 여러분들도 반드시 따라야 합니다!"

구세원이 세찬이에게 눈을 찡긋하며 말했다.

김영란 소장이 잠깐 구세원을 노려봤다. 하지만 곧, 아무렇지 않은 표정으로 박응수 사장에게 말했다.

"연구원들이 안전하려면 수도 시설과 산소 공급기가 가장 중요합니다. 가시기 전에 한 번 더 점검해 보시죠."

"전문가가 있는데, 내가요? 그런 일은 알아서 해요."

박응수 사장이 어이없다는 듯 손사래를 쳤다. 김영란 소장이 고개를 끄덕였다. 그리고 관제실 밖으로 나갔다.

"쯧쯧, 쟤는 늘 화가 나 있다니까. 뭐, 그래도 믿을 만한 사람이에요. 하하하하!"

박응수 사장이 김영란 소장의 뒷모습을 보며 혀를 차다, 아이들이 함께 있는 걸 깨닫고는 웃으며 얼버무렸다.

"사장님, 3시간 뒤에 헬리콥터가 이륙합니다. 연구원들도 가축 관리 팀과 시설 관리 팀, 전산 팀에서 한 명씩만 남고 나머진 배로 B612를 나갑니다. 아, 김영란 소장도 남고요."

구세원이 말했다.

"그래. 자넨 손님들에게 B612를 안내해 주게. 2시간 30분 뒤에는 내 방으로 오고. 짐이 많아."

"네, 알겠습니다."

구세원이 박응수 사장에게 고개 숙였다. 박응수 사장이 고개를 끄덕이더니 아이들을 돌아봤다.

"여러분은 운이 좋아요. 아무나 경험할 수 없는 아주 귀하고 비싼 경험을 하는 겁니다."

"네, 감사해요. 저도 엄청 기대돼요."

안느가 박응수 사장에게 고개 숙여 인사했다.

"푸하하하하! 예의 바른 꼬마 숙녀군요. 음, 우주는 말이에요, 주인이 없어요. 깃발을 꽂으면 내 땅이 되는 신세계랍니다. 콜럼버스가 아메리카에 깃발을 꽂은 것처럼 나도 화성에 깃발을 꽂을 겁니다. 하하하하!"

박응수 사장이 가슴까지 들썩이며 웃었다. 안느가 길고양이와 사냥 놀이를 할 때처럼, 세찬이가 바람1호를 수리할 때처럼, 수호가 새로운 로봇을 만들 때처럼 눈이 반짝였다. 그러곤 인사도 없이 관제실 밖으로 나갔다.

박응수 사장이 나가고 안느, 세찬, 수호가 서로 힐끔거렸다. 조금 당황스러웠다.

"연구원들은 실험을 시작하면 3년 동안 이곳에서 나갈 수 없어. 그래서 다들 일주일 동안 마지막 휴가를 가는 거야."

구세원이 아이들에게 말했다.

"그래도 걱정하지 마. 나도 여기 잘 알아."

수호가 구세원의 말에 덧붙였다. 세찬이와 안느가 웃으며 고개를 끄덕였다.

"자, 5층에 여러분의 숙소가 있어요. 짐을 내려놓고 1층에서 봅시다. 출발!"

구세원이 박수를 치며 분위기를 바꿨다.

"넵!"

안느와 세찬, 수호가 동시에 외쳤다.

5층엔 직원들의 숙소와 휴게실이 있었다. 아이들은 자기 방을 찾아 들어갔다.

"설마 이게 다는 아니겠지?"

세찬이가 방 안을 둘러봤다. 방엔 의자 하나와 책장만 덩그러니 있었다. 하지만 의자 옆 벽에 세워진 플라스틱판을 내리고 다리를 내리자 탁자가 되었다. 붙박이장처럼 보이는 벽은 살짝 건드리자 양쪽으로 열리며 옷장이 나타났다. 다른 벽에 있는 침대 아이콘에 손을 대니, 벽 일부가 아래로 누우며 침대로 변했다.

"오! 재밌어, 재밌어."

세찬이가 펄쩍 뛰어 침대에 누웠다.

"창문이 안 열려. 밖에서 공기가 들어와야 숨을 쉬지."

안느가 투덜거리며 자기 방에서 나왔다.

"방마다 산소 공급기랑 냉난방기, 제습기랑 공기 청정기가 있어."

수호가 설명했다.

"난 벽에 숨은 침대, 완전 마음에……, 윽!"

세찬이가 가방끈 사이로 머리를 넣다 안느에게 떠밀렸다.

"로봇이야!"

안느가 비명을 지르며 달려갔다. 사람처럼 생긴 로봇은 진공청소기로 복도를 청소하고 있었다.

"깔끄미, 청소 로봇이야."

깔끄미는 수호가 연구원으로 있는 K로봇 연구소에서 만든 청소 로봇이다.

"이건 찍어야 해. 아, 맞다. 스마트폰 두고 왔지!"

안느가 주머니에 손을 넣었다. 하지만 곧 한숨을 쉬며 손을 뺐다. 구세원이 스마트폰을 집에 두고 오게 했다.

"비밀 유지! 얼른 내려가자. 아저씨 기다려."

수호가 안느와 세찬이를 재촉했다. 아이들은 엘리베이터를 타고 1층으로 내려갔다.

여기서 잠깐!

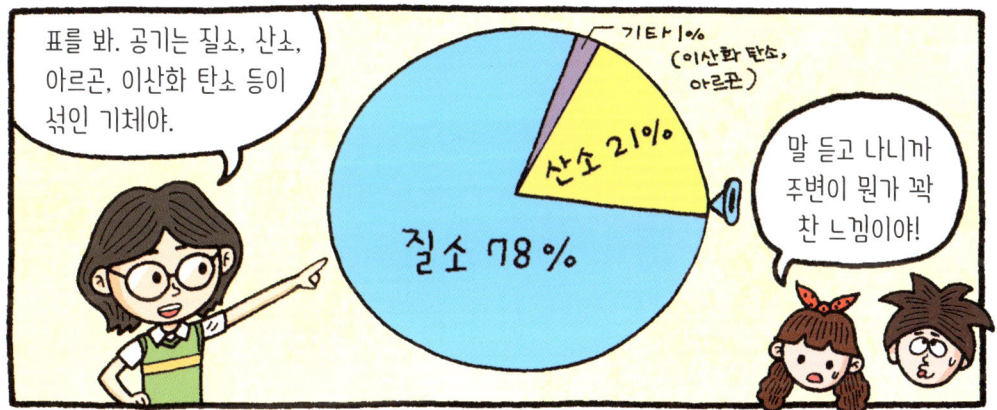

지구의 대기

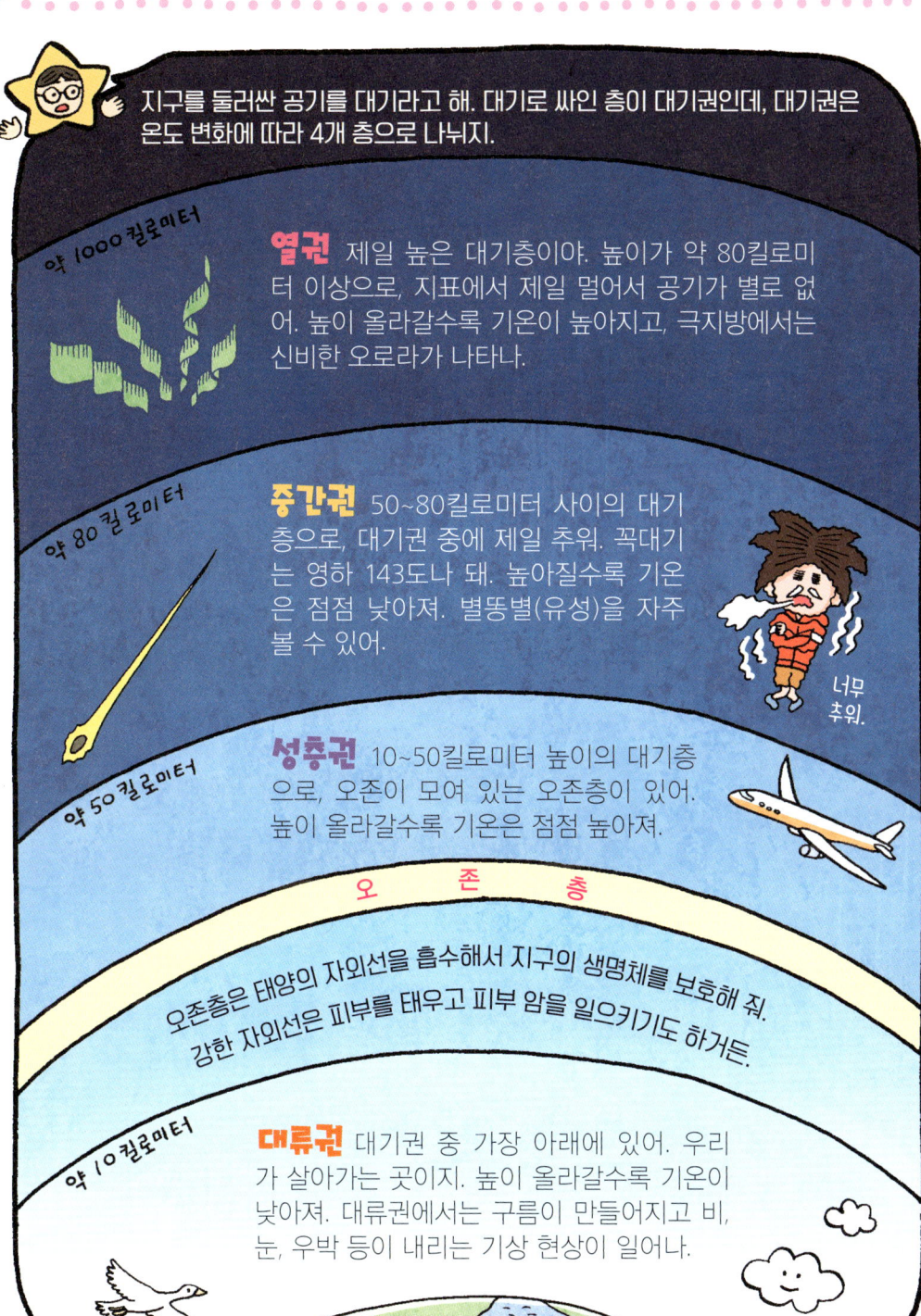

지구를 둘러싼 공기를 대기라고 해. 대기로 싸인 층이 대기권인데, 대기권은 온도 변화에 따라 4개 층으로 나뉘지.

약 1000킬로미터

열권 제일 높은 대기층이야. 높이가 약 80킬로미터 이상으로, 지표에서 제일 멀어서 공기가 별로 없어. 높이 올라갈수록 기온이 높아지고, 극지방에서는 신비한 오로라가 나타나.

약 80킬로미터

중간권 50~80킬로미터 사이의 대기층으로, 대기권 중에 제일 추워. 꼭대기는 영하 143도나 돼. 높아질수록 기온은 점점 낮아져. 별똥별(유성)을 자주 볼 수 있어.

너무 추워.

약 50킬로미터

성층권 10~50킬로미터 높이의 대기층으로, 오존이 모여 있는 오존층이 있어. 높이 올라갈수록 기온은 점점 높아져.

오 존 층

오존층은 태양의 자외선을 흡수해서 지구의 생명체를 보호해 줘. 강한 자외선은 피부를 태우고 피부 암을 일으키기도 하거든.

약 10킬로미터

대류권 대기권 중 가장 아래에 있어. 우리가 살아가는 곳이지. 높이 올라갈수록 기온이 낮아져. 대류권에서는 구름이 만들어지고 비, 눈, 우박 등이 내리는 기상 현상이 일어나.

화성의 흙과 지구의 흙은 달라.

화성엔 생물이 살지 않기 때문에 흙에 부식물이 없거든.
그런데 말이야, 지구의 흙도 서로 조금씩 달라.
생각해 봐. 운동장의 흙과 화단의 흙은 좀 다르지 않아?
3장에서는 지구의 흙에 대해 알아볼 거야.
생각보다 재미있을걸?

3장

사람이 만든 생태계, B612

★ 지구의 흙 ★

 1층 엘리베이터 앞에서 구세원이 아이들을 맞았다.
"어, 저 로봇은 또 뭐야?"

안느가 구세원을 지나쳐 맞은편 복도에서 다가오는 로봇을 가리켰다. 로봇은 몸이 둥근 통 같고, 긴 두 팔이 있지만 다리 대신 바퀴로 다녔다.

"쟤는 서비야, 물을 서비스하는 로봇."

수호가 말했다.

"서비!"

수호가 안느를 힐끗 보고 서비를 불렀다. 두 눈에 파란 불이 한 번 반짝이더니, 서비가 달려왔다.

"정수기 같다, 그치?"

세찬이가 서비 가슴에 달린 정수기 출수구를 가리켰다. 서비 몸통 옆은 투명한 통인데, 스테인리스 컵이 층층이 쌓여 있었다.

수호가 컵을 하나 빼서 서비의 출수구 아래에 댔다. 파란 버튼을 누르자 쪼르륵 물이 나왔다. 안느와 세찬이도 수호를 따라 물을 받고 마셨다. 사용한 빈 잔은 반대쪽 투명한 통에 넣었다.

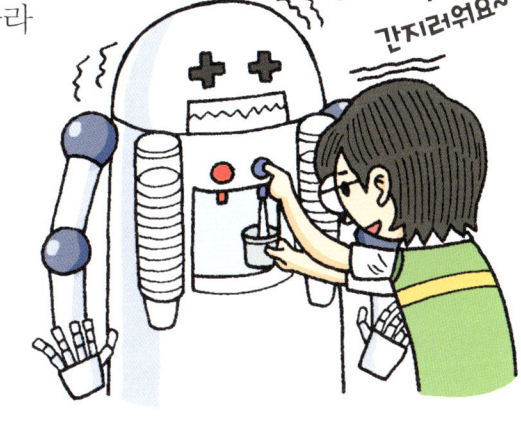

"서비만 있으면 물 많이 마실 것 같아. 너, 우리 집에 갈래?"

안느가 서비의 둥근 머리를 쓰다듬었다.

"아이들이 왔다더니 진짜네. 아하! 수호 군, 반가워."

황민호가 다가왔다.

"안녕하세요, 연구원님."

수호가 황민호에게 인사했다. 수호는 K마스 연구원을 대부분 알았다.

"이분은 식물을 담당하는 황민호 연구원이셔."

구세원이 아이들에게 황민호를 소개했다.

"농부지, 미래의 농부. 내 농장, 볼래?"

황민호가 물었다. 물론 아이들은 고개를 끄덕였다.

지하 1층에 있는 황민호의 채소 농장은 아이들의 예상과 달랐다. 천장까지 닿을 듯 층층이 쌓인 선반에 딸기, 상추, 치커리, 케일, 무순 등이 자라고 있었다.

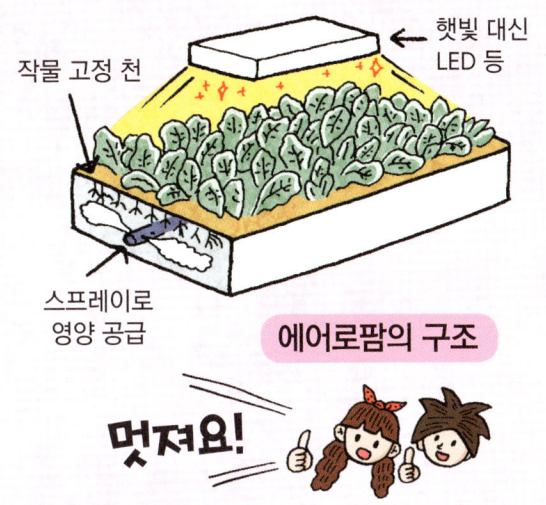

"자, 시간이 없어요, 시간이. 다음 장소로 출발!"

구세원이 황민호에게 고개를 살짝 숙이고는 아이들을 재촉했다. 구세원은 아이들을 지하 2층으로 안내했다.

"산소 공급실이 뭐예요?"

안느가 '시설 관리실1-산소'란 팻말을 가리켰다.

"B612의 두꺼운 유리 벽은 공기도 들어올 수 없어. 그래서 산소를 만들어야 해."

"산소를 만들려고 아주 오래전부터 섬에 나무를 심었다고 들었는데요."

"맞아. K마스 회장이 30여 년 전부터 이곳에 나무를 심고 가꿨어. 하지만 미국의 바이오스피어2 실험이 산소가 부족해서 실패한 걸 보고, 본부에 산소 공급실을 만든 거야."

"바이오스피어2는 제2의 생태계란 뜻이죠? 학교에서 배웠어요. K마스 프로젝트처럼 인공 생태계에서 사람이 살 수 있는지 실험했잖아요."

세찬이가 아는 체를 했다.

"역시 과학 천재 친구는 다르네! 자, 시간 없어. 올라가자."

구세원이 아이들을 본부 밖으로 안내했다. 다음은 동물 우리였다.

안느는 동물을 보자마자 울타리를 넘어 우리 안으로 들어가려고 했다. 가축 관리 담당자 조현지가 이 모습을 보고 위험하다고 소리쳤지만, 그새 안느는 우리 안으로 뛰어들어 살금살금 새끼 염소에게 다가가고 있었다.

어미가 새끼를 구석으로 몰며 매애~ 매애~ 하고 울었다. 그 소리에 뿔이 큰 숫염소 대장이 안느에게 달려들었다.

"까악!"

안느가 비명을 지르며 달아났다.

대장 염소가 안느를 쫓기 시작하자, 다른 염소들은 우리 옆 닭장 쪽으로 몰려갔다. 그 바람에 닭들도 날개를 펄럭이며 우왕좌왕했다.

"워! 워! 워!"

조현지가 크게 소리를 질렀다. 안느를 쫓던 대장이 움찔해서 뒤로 물러났다. 그 사이에 안느가 잽싸게 우리 밖으로 넘어왔다.

안느가 대장 염소를 노려봤다. 하지만 숫염소 대장은 언제 안느를 쫓았냐는 듯, 울타리 앞에서 잘근잘근 여물을 씹었다. 염소 우리 한쪽에 컨베이어 시스템이 있어서, 벨트가 움직이며 여물을 염소 우리 안으로 운반했다.

"안녕하세요, 쟤들은 제 친구들이에요. 견학 왔어요."

수호가 어색하게 웃으며 조현지에게 인사했다. 그제야 조현지 얼굴에 웃음이 떠올랐다.

"수호, 반가워! 네 친구들도 만만찮구나!"

조현지가 세찬이와 안느에게 손을 내밀었다.

"안녕하세요."

안느와 세찬이가 바지에 손바닥을 문질러 닦고는 조현지의 손을 맞잡았다.

조현지가 멀어지자, 안느와 세찬이가 허겁지겁 손바닥 냄새를 맡았다.

"하하, 걱정 마. 악수는 오른손으로 했어. 이번엔 옥수수밭에 갈까? 옥수수가 잘 익었어."

구세원이 웃으며 아이들의 어깨를 툭 쳤다.

옥수수, 콩, 수박, 참외가 자라는 밭이 B612를 가로지르는 강의 자연 제방 아래쪽에 드넓게 펼쳐져 있었다.

"이게 화성 흙이랑 비슷한 하와이 화산 지대 흙이에요? 화성 흙은 붉잖아요."

수호가 밭 흙을 두 손가락으로 비볐다.

"검은 흙도 섞였어."

안느도 흙을 한 줌 쥐어 자세히 살폈다. 옆에서 세찬이가 옥수수 껍질을 까뒤집어 알맹이가 익었는지 확인했다.

붉고 건조한 화산 지대 흙과 부식물이 많은 밭 흙을 섞었어. 부식물이 많아야 농작물이 잘 자라거든. 진짜 화성에서 농사를 지을 때도 이렇게 부식물을 섞을 거야.

"나무도 그렇고 농사지으려면 물도 필요한데 여긴 천장을 막아서 비가 안 오잖아요."

안느가 물었다.

"유리 천장 창틀에 물이 나오는 스프링클러가 있어."

"불났을 때 천장에서 물 나오는 거랑 비슷하네요."

세찬이가 천장을 올려다보며 말했다.

"그렇지! 우린 'B612의 인공 비'라고 불러."

"악! 저거, 저기 저거 뭐야? 로봇이야?"

갑자기 세찬이가 맞은편 산 아래를 가리키며 수호에게 물었다. 안테나를 단 작은 탱크처럼 보이는 로봇이 검붉은 땅 위를 천천히 움직이고 있었다.

"저건 K로봇 연구소장님이 만든 탐사 로봇이야. 화성 땅속을 탐사하기 위해 만들었지. 이곳에선 지하수를 찾아. 지금 화성에도 퍼서비어런스라는 로봇이 돌아다니며 지구로 보낼 화성의 흙과 암석을 열심히 채취하고 있어."

구세원의 설명에 수호가 물었다.

"그런데 지구의 표면은 산, 들, 강, 호수, 바다, 사막, 빙하, 화산 등으로 다양한 모습이잖아요? 그래서 B612도 다양한 지형을 만든 거죠?"

"맞아. 화성에 인류가 살려면 다른 행성을 지구 환경과 비슷하게 바꾸는 테라포밍이 가장 좋은 방법이니까. 물론 엄청난 시간과 기술이 필요하겠지만."

"화성과 태양 사이에 거대한 반사판을 띄워서 태양빛을 화성에 모아 보내는 방법도 있잖아요."

구세원과 이야기하는 수호의 눈이 반짝였다.

"수호 진짜 천잰가 봐. 첨 듣는 얘기를 막 한다."

세찬이가 안느에게 속삭였다. 안느가 고개를 끄덕였다. 수호는 아차 싶었다. 친구가 자길 다르게 생각하는 건 싫다.

그때 밭 너머 통나무집에서 개 짖는 소리가 들렸다. 수호는 분위기를 바꾸려고 장미 넝쿨이 감싼 통나무집을 가리켰다.

"우아! 저 집에 개가 있나 봐. 저기엔 누가 살아요?"

"내가 태어난 집이야."

구세원이 어깨를 으쓱했다.

'아저씨가 태어난 집이라고?'

안느가 구세원을 보며 고개를 갸웃거렸다.

"어? 아저씨네 사장님이에요!"

그때 세찬이가 통나무집을 가리키며 소리쳤다. 박응수 사장이 나오고 있었다. '사장님!' 수호가 박응수 사장에게 달려갔다. 구세원과 안느, 세찬이도 따라갔다.

"세, 세원이가 여긴 왜……? 아, 꼬마 손님들 안내 중이군."

박응수 사장이 구세원을 보고 말을 더듬었다. 구세원은 아무 말도 하지 않았다.

"곧 떠날 시간 아닌가? 꾸물거릴 시간 없어. 같이 가세. 아,

그리고 여러분은 잘 지내요. 사고 치지 말고."

박응수 사장이 아이들에게 눈을 찡긋하곤 급하게 본부로 걸어갔다.

"이제 가 봐야겠다. 조심해. 안전이 최고다."

구세원이 몸을 숙여 아이들과 눈을 맞췄다. 실망한 듯 안느가 입술을 삐죽거렸다. 구세원이 웃으며 안느 어깨를 톡톡 두드렸다. 그리고 강 건너편을 손가락으로 슬쩍 가리켰다.

"내가 제일 좋아하는 곳이야. 강력 추천! 지금 가 봐."

구세원이 박응수 사장을 쫓아 달려가며 아이들에게 손을 흔들었다. 아이들도 손을 흔들었다.

흙이 만들어지는 과정

흙에 관심 없었는데 여기 와서 보니까 엄청 중요한 거 같아.

나도. 근데 흙은 어떻게 만들어진 거지?

바윗돌 깨뜨려 돌덩이~ 돌덩이 깨뜨려 돌멩이~ 이런 노래 들어본 적 있지? 흙은 바위와 돌이 작게 부서진 알갱이야. 거기에 부식물이 섞인 거지.

커다란 바위가

부서지고

돌이 되고

또 부서져서

모래가 되고

더 잘게 부서지고 부식물이 섞여 흙이 돼.

바위를 깨뜨리는 힘

바위나 돌이 자연적으로 깨지는 과정을 풍화 작용이라고 해. 그럼 바위와 돌을 깨뜨리는 힘은 뭘까?

바위나 돌이 서로 부딪쳐서 깨져.

빗물, 강물, 바닷물이 돌을 깎고 부서뜨리기도 해.

바람이 돌을 깎고, 바람에 실려 온 모래도 돌을 깎아.

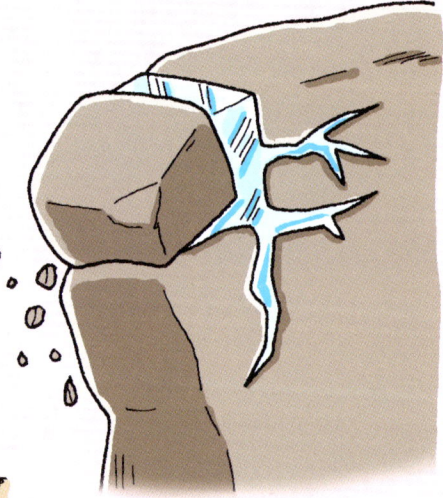

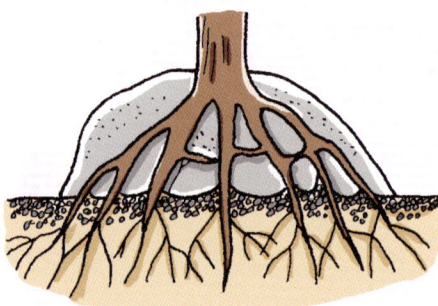

바위틈에서 나무뿌리가 자라면서 바위를 깨뜨려.

물이 얼면 부피가 커져. 바위틈에 고인 물이 얼었다 녹았다를 반복하면, 바위틈이 벌어지고 결국 바위는 부서지지.

운동장 흙 VS 화단 흙

자, 밭에서 흙 가져왔어.

난 모래 퍼 왔어.

고마워. 이번엔 두 흙을 비교해 보자.

모래사장의 모래

밭의 흙

	모래사장의 모래 (운동장 흙과 비슷)	밭에서 가져온 흙 (화단 흙과 비슷)
생김새	알갱이가 크다. 연한 갈색.	알갱이가 크고 작은 게 섞였다. 거무스름하다.
촉감	거칠다.	부드럽고 촉촉하다.
물 빠짐	물을 부으면 물이 금방 빠진다.	물이 천천히 빠진다.
부식물	부식물이 별로 없다.	부식물이 많다.

모래에 부은 물이 흙보다 더 빨리 빠지네?

모래 알갱이가 흙보다 굵어서 알갱이 사이사이로 물이 더 빨리 빠져서 그래.

지구는 생명체가 살 수 있는 유일한 행성이야.
물론 우주는 어마어마하게 넓으니 우리가 아직
발견 못 한 생명체가 사는 행성이 있을지도 모르지만.
그런데 왜 지구에는 생명체가 살 수 있을까?
그건 바로 물이 있기 때문이야.
사실 물은 엄청 중요한 역할을 하고, 아주아주 소중하지.
이번 장에선 지구의 물에 대해 알아보자.

4장

거대 복숭아와 몽땅이

물의 순환

 "아저씨도 가고. 흐음, 우리 뭐 하지?"

안느가 세찬이와 수호에게 물었다.

"아저씨가 저기 가 보라고 했잖아. 저……, 뜨앗!"

세찬이가 구세원이 가리킨 곳을 보다 소리를 질렀다.

"뭔데……?"

수호가 안경을 고쳐 쓰고 강 너머를 살펴보려는 사이, 세찬이가 강 위에 놓인 다리로 달려갔다.

"나 간다! 복숭아 과수원이야!"

휘익~ 바람보단 많이 느리게, 세찬이가 다리를 지나 복숭아나무 사이로 사라졌다.

"쟨 먹는 거에 항상 진심이야."

"달리기도 막 빨라지고."

세찬이를 보던 안느와 수호가 마주 보며 웃었다.

나무마다 두 주먹을 합친 것보다 큰 복숭아가 주렁주렁 달려 있었다. 복숭아 무게를 못 버티고 나뭇가지가 축 처져서 손만 뻗으면 복숭아를 딸 수 있었다. 달콤한 복숭아 향이 가득하고, 벌과 파리가 '복숭아 맛있어.'라는 듯 붕붕거렸다.

"잠깐만! 이세찬, 정신 차려!"

뒤에서 안느가 소리쳤다. 하지만 세찬이는 잘 익은 복숭아를 두 손으로 덥석 잡고는 복숭아를 힘주어 비틀었다.

그때였다.

찌이잉 찌이잉 찌이잉 찌이잉.

복숭아 나무 사이, 나무 로봇에서 비상벨이 울렸다. 굵은 가지 끝에 달린 붉은 전등이 빙글빙글 돌았다.

"내가 끌게."

수호가 나무 로봇 뒤로 갔다. 곧 비상벨이 멈췄다.

세찬이는 안느 눈치를 슬쩍 보곤, 복숭아를 한 입 크게 베어 물었다. 입 가장자리로 즙이 흐르고 달콤한 향이 퍼졌다. 안느가 세찬이를 살짝 째려봤다. 으이그……

"이 나무 로봇도 네가 만든 거야?"

세찬이가 안느의 눈길을 피하며 수호에게 물었다.

"응. 이름은 몽땅이야. 나뭇잎은 태양광 발전 패널이라 직접 전기를 만들어서 작동해. 여긴 전기 에너지만 쓰거든."

수호가 몽땅이 뒤에서 대답했다.

"오~ 대단한데? 근데 몽땅이는 전기를 직접 만들어도, 컴퓨터랑 기계, 가전제품은 스스로 전기를 못 만들 거 같은데?"

"그래서 우주 태양광 발전을 해. 인공위성의 날개가 어마어마한 태양광을 받아서 전기를 만들어 이곳으로 보내지."

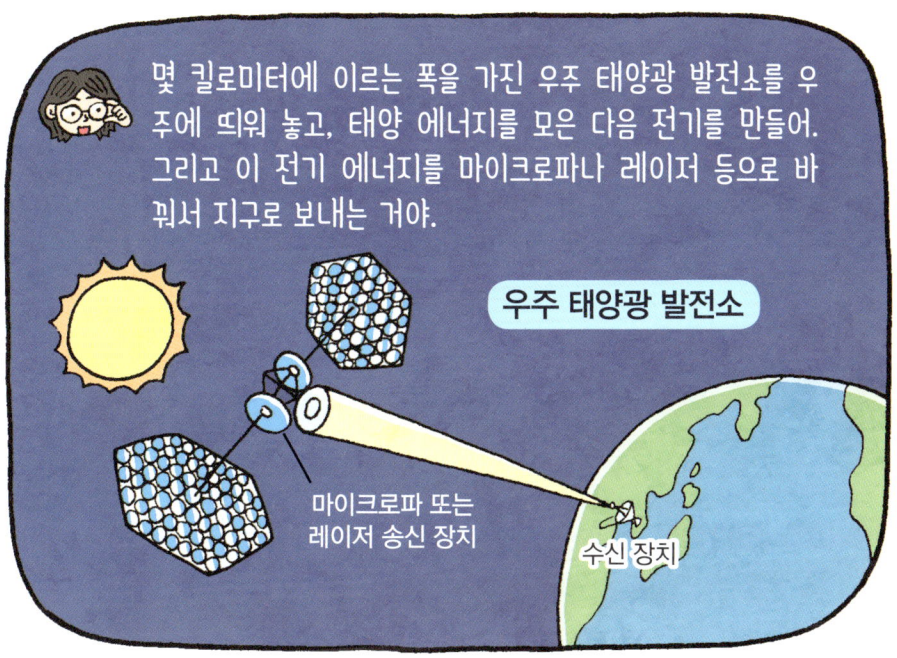

"우주에서 전기를……? 진짜 어마어마하다!"
세찬이가 복숭아를 씹으며 중얼거렸다.
"근데 비상벨은 왜 울린 거야?"
안느가 나무 로봇 뒤로 고개를 내밀었다.
"복숭아가 뿌리에 박혔어. 몽땅이가 움직이거나 땅에 뿌리를 내릴 때 과일 같은 게 박힐 줄 몰랐어."
복숭아를 빼내느라 수호의 손에 복숭아 즙이 묻어 끈적해졌다. 안느가 세찬이 가방에서 물티슈를 꺼내 수호에게 건넸다.

"진짜 나무는 안 움직이는데 얘는 왜 움직여?"

안느가 다시 물었다. 그사이 세찬이는 복숭아 남은 조각을 입에 넣으며, 슬쩍 다시 안느 눈치를 봤다. 하나 더 먹을까?

"몽땅이는 일주일에 한 번, 뿌리를 움직여서 20미터씩 움직여. 그리고는 땅속의 물, 온도, 박테리아, 흙 성분, 햇볕의 양 등을 체크해서 본관에 보고하지."

수호가 손 닦은 물티슈로 몽땅이한테 묻은 새똥을 닦았다.

"엄마가 움직이는 나무 얘기해 줬어. 공포 소설에 나온대."

안느가 얼굴을 찡그렸다. 몽땅이가 뿌리를 들어 올려서 움직인다니, 좀 으스스했다.

"저 허수아비 로봇은 농작물에 병충해가 있는지, 땅속 물이 부족한지 검사해. 물이 부족하면 천장에서 물이 떨어져."

수호가 밭 가운데 선 허수아비를 가리켰다.

"허수아비가 있어? 어디? 못 봤는데……."

안느가 발끝을 세워 강 너머 밭을 훑어봤다. 참외밭 사이, 밀짚모자를 쓴 허수아비 머리가 빙글빙글 돌고 있었다.

"나 배고파."

"뭐? 또?"

세찬이 말에 안느와 수호가 동시에 소리쳤다.

"가자. 틀림없이 저녁 먹을 시간일 거야!"

세찬이가 본부를 향해 뛰었다. 옆으로 매는 가방이 복숭아를 넣어 불룩했다.

"지구랑 똑같네요. 물이 순환하고, 그 양은 항상 같고."

수호가 고개를 끄덕였다. B612의 물 순환이 가능하다면 정말 대단한 성공이다.

"우리만 저녁 먹어요?"

안느가 물을 마시며 물었다.

"휴가 간 사람이 많아서 남은 사람들이 바쁘지 뭐. 자, 너희는 그만 방에서 쉬는 게 좋겠다. 내일 아침은 8시야."

조현지가 식당 문을 가리켰다.

"진짜요? 오호, 집이면 엄마가 설거지하라고 잔소리했을 텐데, 여기 있으니 좋다. 당근 안 먹어도 되고."

"학원도 안 가고, 학습지도 안 하고."

안느 말에 세찬이가 맞장구쳤다.

"근데 여긴 컴퓨터도 텔레비전도 없잖아. 이제 뭐 해?"

5층에 도착하자, 안느가 엘리베이터에서 내리며 세찬이와 수호에게 물었다.

"난 몽땅이 보고서 써야 해. 아까 뿌리에 복숭아가 끼었잖아. 너희는 저기 도서관에 가 봐. 만화책 있어."

수호가 '도서관' 팻말이 붙은 방을 가리켰다.

"진짜? 야, 씻고 도서관에서 보자."

안느 말에 세찬이가 고개를 끄덕였다.

잠시 뒤, 안느가 도서관에 고개만 밀어 넣고 안을 살폈지만 세찬이는 없었다.

"뭐야, 없네? 세찬이 얘 또 식당 갔나?"

안느는 엘리베이터 앞에 가서, 안내판을 손가락으로 짚었다. 그러다 몸을 휙 돌려 옆 비상계단으로 내려갔다.

"한 층씩 찾아야 해. 우리 세찬이, 식당 가려다 길 잃고 헤매고 있을지도 모르거든."

안느가 세찬이를 찾아 1층까지 내려갔다. 하지만 세찬이는

없었다. 안느는 지하로 내려갔다.

지하 2층 계단에서 김영란 소장이 안느 앞을 휙 지나갔다.

"어, 그 소장님이다."

김영란 소장이 모퉁이를 돌았다. 안느는 모퉁이에 고개만 빼죽 내밀고 김영란 소장을 관찰했다. 김영란 소장이 복도 끝 방 앞에 섰다. 그리고 주위를 두리번거리더니 잽싸게 방 안으로 들어갔다.

'뭐 하는 방이지?'

안느는 김영란 소장이 들어간 방을 쳐다봤다. 눈 사이에 주름이 잡혔다. 하지만 이내 고개를 저었다. 세찬이가 먼저다.

물은 빙글빙글 돈다

지구의 물은 계속 빙글빙글 돌며 순환하고 있어. 이를 '물의 순환'이라고 해. 그러니까 지구의 물은 항상 양은 같고, 모습만 변할 뿐이야.

하늘로 올라간 수증기는 찬 공기를 만나 구름이 돼.

구름 속 물방울들이 모여서 눈이나 비가 되어 땅과 바다로 떨어져 내려.

호수, 강, 바다에 있는 물이 증발해서 수증기가 되어 하늘로 올라가. 식물의 잎에서도 수증기가 나와.

비와 눈이 녹은 물은 호수, 강, 바다로 흘러 들어가. 땅속으로 스민 지하수는 바다로 흘러가고 식물 뿌리가 빨아들이기도 해.

공룡이 마셨던 물도 순환했겠지? 그러니 그 물을 지금 우리가 마시는 거지.

아흠~, 공룡이 뭘 마셨다고?

으이그!

너네 왜 내 방 앞에 있어?

이 물을 뿌려? 말아?

 **LEVEL UP** 물에는 민물과 바닷물이 있어. 어떻게 다른지 알고 싶으면, 158쪽 과학 레벨업 하기를 살펴봐!

산꼭대기에서 시작된 물은 모여들어
강이 되고, 강물은 바다로 흘러가.
흐르는 물은 힘이 세. 바위와 돌을 깎고
흙과 모래, 자갈을 운반하고 어딘가에 쌓기도 하지.
흐르는 물은 지표를 계속 변화시켜. 지금부터
흐르는 물이 어떤 일을 하는지 소개할게.

5장

우리 갇힌 거야?

★ 하천 지형 ★

 "오늘은 B612 산 쪽으로 가 볼 거야. 같이 갈래?"
수호가 제안했다.

"당연하지. 햄버거, 콜라, 감자튀김처럼 우린 쎄뚜야, 쎄뚜."

세찬이가 입술을 쑥 내밀며 '뚜'를 강조했다. 수호와 안느가 웃으며 '쎄뚜'를 따라 했다.

새벽에 인공 비가 내린 B612는 파랗게 반짝거렸다.

"저쪽 산에 가 보자. 산에서 나온 물이 바다까지 흘러가."

수호가 과수원과 연결된 산을 가리켰다.

아이들은 강 위 다리를 건넜다. 그곳까지 달콤한 복숭아 향기가 퍼져 왔다.

'어?'

무심코 통나무집을 본 세찬이가 멈칫했다. 누군가, 다리를 저는 사람이 통나무집으로 들어가는 것 같았다. 그때 안느가 '또 복숭아 따려고?'라며 세찬이 팔을 잡아당겼다.

"아니거든! 나 먼저 간다."

세찬이가 팔을 뿌리치곤 안느를 앞질러 산으로 내달렸다.

B612 산은 마을 뒷산만큼 울창했다.

"K마스 회장님, 대단하다. 이 나무랑 풀을 다 심었댔지?"

안느가 산을 오르며 주위를 둘러봤다. 어제 구세원이 들려준 얘기가 떠올랐다.

"K마스 프로젝트는 30여 년 전부터 시작됐는지도 모르겠다."

수호가 고개를 끄덕였다.

산꼭대기에 오르자, 유리 벽을 뚫고 들어오는 햇살에 눈이 부셨다.

"으, 눈 시려."

세찬이가 유리 천장을 올려다봤다.

산은 덥고 축축했다. 절로 줄줄 땀이 흘렀다. 마침 어디선가 물 흐르는 소리가 들렸다. 물소리를 따라가니 올라온 길 반대쪽 산 아래로 물이 흐르고 있었다. 아이들은 시원한 물로 땀을 씻고 싶었다.

"내려가자."

안느는 이미 산을 내려가고 있었다.

아이들은 바위와 나뭇가지를 붙잡고 조심조심 계곡으로 내려갔다. 발목까지 오는 물길을 따라 10분쯤 걸어가니 옆에서

나뭇잎 따라가자!

흘러드는 다른 도랑물이 나타났다. 두 봉우리에서 흐르는 도랑물이 합쳐져서 제법 넓은 개울이 됐다. 울퉁불퉁한 바위틈은 물이 꽤 깊었지만 대부분은 무릎 정도였다.

"나 들어간다."

안느가 신발, 양말을 벗어 바위에 올려 두고 조심조심 개울에 들어갔다. 세찬이와 수호도 양말과 신발을 벗어던지고 물속으로 들어갔다. 물살이 빠르고 돌도 크고 울퉁불퉁해서 디딜 때마다 넘어질 것 같았다. '으, 시원해.'라는 생각은 잠깐, 차가운 물에 발목이 끊어질듯 시렸다.

"으악, 차가워! 얼음물이야?"

수호가 비명을 지르며 바위 위로 껑충 올라갔다. 바위는 햇살을 받아 따듯했다. '좋~다!' 절로 감탄사가 나왔다.

차가운 개울물에 발 담그고 오래 참기!

안느는 맞은편 큰 바위에 앉아 바위에 발 도장을 찍었다. 나무가 빽빽하게 자란 작은 산, 맑고 차가운 개울물, 따뜻한 햇살, 맑은 공기, 넓고 따뜻한 바위…….

'진짜 화성도 이렇게 바꿀 수 있을까?'

안느는 바위에 누워 중얼거렸다.

"이 물 따라 계속 내려가 보자."

수호가 개울물을 가리켰다. 한참을 걸으니 밭과 과수원 사이의 강이 나왔다. 강가엔 고마리, 개망초, 코스모스 같은 야생화들이 뒤엉켜 자라 있었다.

그때였다. 사이렌 소리가 요란하게 울리기 시작했다.

"뭐 해?"

안느는 수호가 가는 모습을 눈으로 쫓다 세찬이를 돌아봤다. 세찬이는 가방을 거꾸로 들어 바위와 돌이 가득한 강가에 탈탈 털었다. 홍삼 젤리 껍데기, 만능 칼, 줄자, 투명 테이프, 물티슈, 사인펜 등이 떨어졌다.

"방금 물고기 지나가는 거 봤어."

세찬이는 가방을 들고 물속으로 들어갔다. 적당한 곳에 자리를 잡고 서서, 가방을 물속에 집어넣었다. 하지만 가방은 자꾸 물 위로 떠올랐다. 가방을 납작하게 눌러 물속에 밀어 넣자 뽀글뽀글 거품이 나더니 가방이 가라앉았다.

"와라, 와라. 이리로 와라."

세찬이가 두 손으로 가방을 활짝 펼쳤다. 손바닥 길이만 한 물고기들이 나타났다. 하지만 물고기들은 가방을 피해 요리조

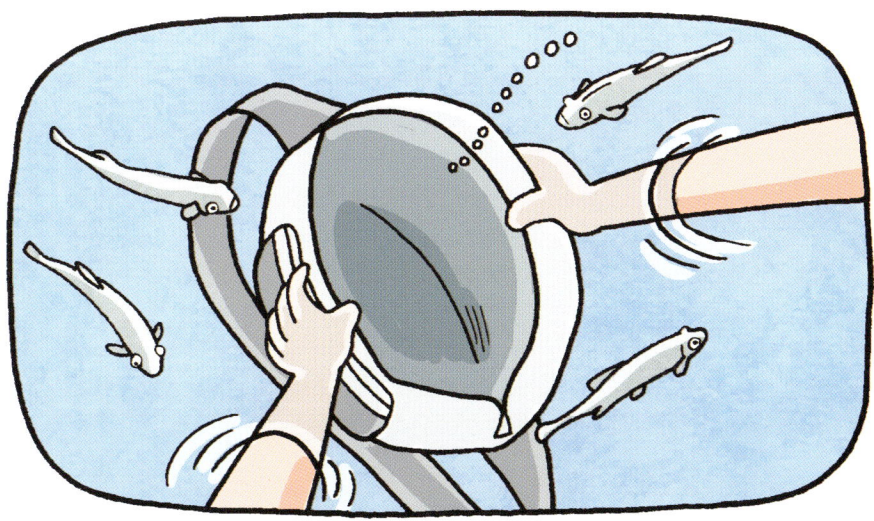

리 헤엄쳐 사라졌다.

"제발 너는 가방 속으로 들어와 다오!"

세찬이가 간절히 중얼거리며 물속에 나타난 물고기에 시선을 고정시켰다. 물고기는 방향을 틀어 멀어지는 것 같더니 다시 가방 쪽으로 다가왔다.

웃! 세찬이가 가방을 힘차게 들어 올렸다. 물이 가득 담긴 가방은 무거워서 생각보다 빨리 들 수 없었다. 물 밖으로 들어 올리자마자 가방이 납작해지면서 물이 쏟아졌다.

"분명히 들어갔는데……? 뭐야, 순간 이동하는 물고기야?"

흐읍, 세찬이가 깊이 숨을 들이마셨다 내쉬었다. 그러곤 가방을 다시 활짝 벌려 강 속에 집어넣었다.

"물고기를 잡는 거야, 가방을 빠는 거야?"

안느가 절레절레 고개를 저으며 중얼거렸다.

수호의 다급한 외침에 안느와 세찬이가 동시에 돌아봤다.

"몽땅이는 아무렇지도 않았고, 지금 허수아비도 비상벨을 울린다고!"

쯔지이잉   쯔지이잉

수호가 허수아비 로봇을 가리켰다. 허수아비 로봇의 모자에서 붉은 비상등이 시끄러운 소리를 내며 번쩍이고 있었다.

쏴아! 갑자기 천장에서 인공 비가 쏟아졌다. 안느와 세찬이가 서로 마주 봤다. 둘 다 눈이 동그래졌다. 둘은 누가 먼저랄 것도 없이 동시에 허겁지겁 강 밖으로 나왔다.

아이들은 본관까지 달렸다. 숨이 찼다. 그 사이에도 비상벨은 계속 울렸고, 인공 비도 멈추지 않았다. 수호가 서둘러 직원 출입증을 출입문 센서에 댔다. 문은 열리지 않았다. 혹시나 해서 눈을 대도 마찬가지였다.

"안 열려. 어젠 분명히 열렸는데. 이상해."
"아우, 비상벨 소리 너무 시끄러워!"
안느가 두 손으로 귀를 막았다.

쯔지이잉

지이잉

"이거 봐 봐. 비상 개폐 장치야."

세찬이가 출입문 옆 비상 개폐 장치를 열자 투명한 판 아래로 두꺼운 손잡이가 보였다.

'투명판을 깨고 손잡이를 앞으로 당겨 시계 방향으로 돌리면 손으로 문을 열 수 있습니다.'

수호가 투명판에 적힌 안내 글을 읽었다.

세찬이가 가방에서 만능 칼을 꺼내 투명판을 깼다. 그러곤 손잡이를 잡아 시계 방향으로 돌렸다. 푸쉭, 현관문에서 바람 빠지는 소리가 났다. 세찬이가 유리문을 옆으로 밀었다. 하지만 현관문은 꼼짝하지 않았다.

"문 열어!"

지이잉

안느가 현관문을 발로 찼다.

세찬이는 침착하게 유리문에 두 손을 갖다 댔다. 그리고 문을 위로 살짝 밀었다. 다시 푸쉭, 바람 빠지는 소리가 났다. 세찬이가 문을 밀자, 스르륵 문이 열렸다.

"열렸어, 열렸어! 잘했어!"

안느가 세찬이 등을 마구 두드렸다.

본관 안에도 비상벨이 요란했고, 붉은 비상등이 사방에서 번쩍였다.

"관제실로 가서 무슨 일인지 알아보자."

수호가 계단을 가리켰다. 비상 상황일 때는 엘리베이터를 타면 안 된다.

4층 관제실엔 아무도 없었다. 어젠 몰랐는데 이제 보니 관제실 벽은 수십 개의 모니터로 되어 있었다. 모니터엔 B612 곳곳에 설치된 CCTV 카메라에서 찍은 영상이 나왔다.

"여기 안전 모드 버튼에 초록 불이 켜졌어. 안전 모드니까 안전하단 거지?"

세찬이가 안전 모드라 적힌 버튼을 가리켰다.

"안전한 게 아니라, 큰일 난 거야."

수호가 얼굴을 찡그렸다.

"전에 들었어. 실험이 시작되면 사람이 드나들 수 없게 안전 모드가 작동된다고. 안전 모드일 때는 B612의 출입문을 열 수 없어."

"진짜야? 다행이다! 아니지, 그럼, 뭐가 비상 상황인 거지?"

수호가 고개를 갸웃했다. 생각해 보니, 관제실까지 오는 동안 아무 문제도 없었다. 새벽에만 내리는 인공 비가 낮에 쏟아지고, 본관 현관문이 잠긴 것 정도?

"비상 전화 같은 거 없어?"

"통신 자체가 안 돼. 아이, 도대체 왜 이래?"

수호가 조종기판의 통신 버튼을 눌렀다. 마이크에 대고 '여보세요, 여보세요'라 불러 봤지만 아무 대답도 들리지 않았다.

"내 스마트폰만 있었어도……."

안느가 손톱을 물어뜯었다.

"여긴 위성 통신을 써. 혹시 위성 단말기나 안테나에 문제가 생겼나? 너 고칠 수……?"

수호가 세찬이를 쳐다봤다. 세찬이가 고개를 저었다. 수호가 어색하게 웃었다.

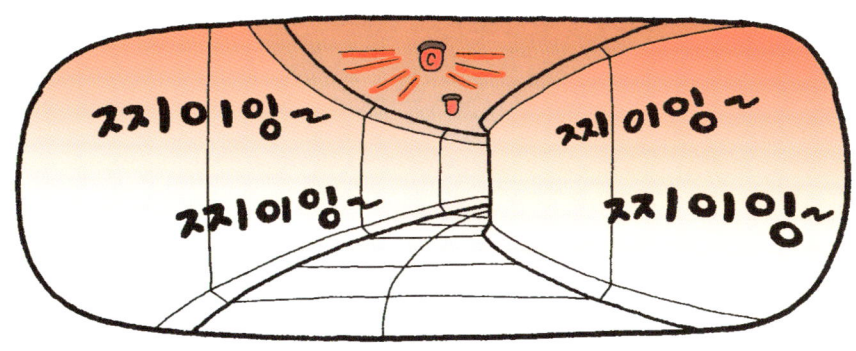

여기서 잠깐!

흐르는 물이 지형을 만든다

흐르는 물은 땅을 깎고 흙과 모래를 옮기면서 지형을 바꿔.

또 질문! 물이 그렇게 힘이 세다고?

흙 언덕을 쌓아서 물을 부어 볼게. 잘 봐.

맨 위쪽 흙이 깎였어.

흐르는 물은 바위나 흙 등을 깎아. 이걸 **침식 작용**이라고 해.

깎인 흙이 아래로 흘러 내렸어.

물이 깎인 돌이나 흙 등을 옮기는 걸 **운반 작용**이라고 해.

흙이 흘러내리는 방향

흘러내린 흙이 아래에 쌓였어.

운반된 돌이나 흙이 쌓이는 게 **퇴적 작용**이야.

이렇게 강물은 산에서 출발해 바다로 흘러가면서 강 주변의 모습을 바꿔.

물에 의해 생긴 하천 지형

하천 지형의 모습을 살펴보자. 시내와 강을 '하천'이라고 하고, 하천과 그 주변 지형을 하천 지형이라고 해.

와, 하천을 위에서 내려다본 건 처음이야.

그러게. 신기하다.

강 상류

강폭이 좁고 경사가 급해서 강물이 빠르게 흐르기 때문에 **침식 작용**이 활발히 일어나. 물속이나 주변에 크고 울퉁불퉁한 바위들이 많아.

 강 하류

강폭이 많이 넓어지고 경사가 아주 완만해서 강물 속도가 많이 느려져. 물에 휩쓸려 온 모래가 강 주변에 넓게 쌓이는 **퇴적 작용**이 주로 일어나.

 강이 만든 하천 지형에 대해 더 알고 싶으면, 159쪽 과학 레벨업 하기를 살펴봐!

밤하늘을 올려다보면 반짝반짝 별자리가 보여.
그 가운데 달이 밝게 빛나고 있지.
달은 항상 모양이 변해. 초승달인가 싶으면 어느새
배가 불룩 나와 결국 보름달이 되지.
달의 모습이 바뀌는 건 달이 공전하기 때문이야.
이번 장에선 지구와 지구 주변을 돌고 있는
달에 대해 알아보자.

6장

아무래도 너무 수상해

지구와 달

"라면도 있을까?"

세찬이가 식품 저장고 손잡이를 잡았다. 비상 상황에도 어김없이 배는 고팠다. 그때 갑자기 벌컥 문이 열리고 안에서 누군가 확 튀어나왔다. 김영란 소장이었다. '아아악!' 세찬이가 비명을 지르며 뒤로 넘어졌다.

"어, 어떻게, 탈출하라고 했는데, 왜……? 혼자 남았어요?"

"안느랑 수호도 있어요. 죄송해요."

세찬이가 웅얼거렸다.

"하아……, 정말! 앞으로 절대 혼자 다니지 말고, 본부 안에만 있어요. 이 말은 꼭 지켜야 해요, 알았죠?"

김영란 소장의 얼굴이 일그러졌다. 왜 구세원이 김영란 소장을 무서워하는지 단번에 이해됐다.

"그런데요, 여기 있는 음식, 먹어도 돼요? 배고픈데······."

세찬이가 어색하게 웃으며 저장고 안을 가리켰다.

"마음껏 먹어요."

김영란 소장은 차갑게 말하고는 어디론가 다급히 걸어갔다.

아이들이 설거지를 끝내고 식당을 나왔다.

"유안느, 어디 가? 계단은 이쪽이야."

세찬이가 계단 반대 방향으로 가는 안느를 불렀다.

"여길 확인해야겠어. 아무리 생각해도 찜찜하단 말이야."

안느가 어젯밤에 김영란 소장이 들어간 문을 가리켰다. 끼익, 문은 귀에 거슬리는 소리를 내며 천천히 열렸다.

"뭐야! 방이 온통 검은색이야!"

세찬이가 한 발 물러났다.

사방이 온통 검은색으로 칠해진 방의 천장에는 반짝이는 별자리가 가득했고, 다양한 크기의 행성들이 색색으로 빛나고 있었다. 바닥은 모래사장처럼 검은 흙이 쌓여서 걸을 때마다 발이 푹푹 빠졌다.

"태양계야. 태양을 중심으로 도는 수성, 금성, 지구, 화성,

목성, 토성, 천왕성, 해왕성……."

수호가 태양을 살짝 건드리며 설명했다.

"지구 옆에 달도 있네."

세찬이가 지구 옆의 달을 빙그르르 돌려 보았다.

"이거 봐. 그리스 신화 여신 같지 않아?"

세찬이는 조각상을 가리켰다. 조각상은 지구를 가슴에 품은 여자 모습이었다. 조각상 옆엔 작은 침대가 있었다. 침대엔 사계 장미 한 송이가 놓였고, 그 옆엔 가족사진과 두 개의 은 촛대가 있었다. 촛농이 촛대 아래까지 흘러 굳어 있었다.

"우리 이제 그만 나가자. 김 소장님 오겠다."

안느가 수호와 세찬이의 옷을 잡아당겼다.

아이들은 5층 마지막 계단에 앉았다. 계단을 올라오느라 숨이 찼다.

"나 원래 사람 막 의심하고 그러지 않는데, 김영란 소장님은 확실히 수상해! 어제 그 방에 갈 때, 이따만 한 쇠막대기를 들고 있었거든. 양쪽 끝이 동그랬어."

"스패너……? 그거 수도관 같은 거 고칠 때 쓰는 거야."

"맞아. 그 소장님이, 가이아, 엄마, 어쩌고 했어. 뭘 막는다고도 했고. 내가 분명히 들었어."

안느가 말했다.

"진짜? 나 소름 돋았어. 진짜 닭살 됐다니까."

세찬이가 오돌토돌해진 팔을 보였다.

"가이아 여신은《그리스 신화》에서 봤는데……. 에이, 몰라! 잠이나 잘래. 내일 보자."

안느가 고개를 갸웃하며 곰곰이 생각하다 도무지 모르겠는지 짜증을 냈다. 그러더니 자기 방으로 들어가 버렸다.

멍하니 안느를 보던 세찬이와 수호가 마주 봤다.

"우리도 자자."

세찬이와 수호도 각자 방으로 들어갔다.

다음날 아침, 세찬이의 성화로 달걀을 얻으러 닭장에 가던 아이들은 눈앞의 광경에 우뚝 서 버렸다.

"이게 무슨 일이야?"

어제부터 쏟아진 비에 산사태가 나 있었다.

"여긴 위험해. 산에서 멀어져야 해."

수호가 한 걸음 뒤로 물러서며 눈을 깜박였다. 우비를 입고 모자를 썼지만 얼굴이 비에 젖었다. 안경을 닦으려고 벗었더니 눈에 빗물이 들어갔다.

"아악! 저기……!"

갑자기 세찬이가 처음 들어보는 새된 소리를 지르며 무너져 내린 흙더미 쪽으로 달려갔다.

자세히 보니 무너진 흙더미가 산 아래 토끼장을 뒤덮고 있었다. '꺄악!' 안느도 비명을 지르며 세찬이를 쫓아 달렸다. 수호도 허둥지둥 뒤를 쫓았다.

토끼장 한쪽이 흙에 완전히 묻혔고, 토끼 두 마리가 반대쪽 구석에 찰싹 붙어 있었다. 등은 온통 흙 범벅이었다.

"어떡해! 귀에 흙 들어갔니? 엄청 놀랐지?"

안느가 조심스럽게 토끼장 안으로 기어 들어갔다. 안느가

철망 사이로 흙을 밀어내고, 세찬이와 수호는 밖에서 흙더미를 밀어냈다. 어느 정도 흙이 정리되자, 안느는 통나무집 마당에서 풀을 뜯어서 토끼장에 넣어 줬다.

"이제 안심해. 풀도 먹고."

하지만 토끼들은 여전히 겁에 잔뜩 질려 구석에 웅크리고 있었다.

"가자. 우리 때문에 무서운가 봐."

수호가 안느에게 말했다. 안느가 토끼장 철망에 얼굴을 바짝 붙이고 토끼들을 한 번 더 살피고는 일어났다.

그새 닭장에 간 세찬이가 안느, 수호에게 손을 흔들었다.

"얘들아, 신선한 달걀 4개나 찾았어!"

세찬이의 우비 주머니는 달걀로 불룩했다.

본부에 도착할 때까지 비는 그치지 않았다.

"5층까지 또 걸어 올라가야 하다니!"

안느가 투덜거리며 우비를 털었다. 물방울이 사방으로 튀었다. 수호도 우비를 털다 말고 말했다.

"비상 상황에서는 엘리베이터를 타면 안 돼."

그때 계단을 내려가는 세찬이가 보였다.

"세찬아, 넌 또 어디 가?"

"주방에 달걀 두고 갈게."

안느와 수호는 위층으로 올라갔다. 수호는 김영란 소장을 만나고 싶었다. 김영란 소장은 아직까지도 찾아오지 않고 있었다. 혹시 일부러 피하는 건지 걱정스러웠다.

　　세찬이가 필요한 도구를 챙기는 사이, 수호가 의자를 가져 왔다. 세찬이가 끝에 홈이 팬 쇠 자를 건넸다. 수호는 의자에 올라가서 쇠 자를 엘리베이터 위쪽 틈새에 끼워 넣었다. 세찬이는 쪼그려 앉아서 엘리베이터 문 사이에 쇠지레를 끼웠다.

　　"이게 바로 지렛대 원리……, 이렇게 쇠지레를 밀면……, 밀…… 면……, 열려야 되는데……?"

수호가 세찬이 옆에 무릎 꿇고 앉아 쇠지레를 잡았다.

"같이 하자. 셋, 하면 밀어! 하나, 둘, 셋!"

수호의 구령에 맞춰 둘이 쇠지레를 옆으로 밀었다. 꼼짝 않던 엘리베이터 문이 묵직하게 열렸다.

"우악!"

세찬이와 수호가 비명을 지르며 엉덩방아를 찧었다.

그때 안느가 계단을 내려오다, 세찬이와 수호를 발견하곤 다가왔다. 젖은 머리를 수건으로 감싼 채였다.

"얘들아, 물 끊긴 거 알아? 나 머리 감는 중이었는데……."

수호가 엘리베이터 안을 가리켰다. 손끝이 덜덜 떨렸다. 수호의 손가락 끝을 따라가던 안느의 시선이 엘리베이터 안에

쓰러져 있는 구세원에게 멈췄다.

"세찬아, 빨리 소장님 불러!"

황급히 도착한 김영란 소장이 아이들과 함께 구세원을 양호실로 옮겼다. 구세원은 금방 정신을 차렸다.

"여긴……."

구세원이 주위를 둘러봤다.

"괜찮니?"

김영란 소장이 구세원의 손을 잡았다.

"어, 어, 어떻게. 아니, 왜 여기……?"

구세원이 김영란 소장을 보며 눈을 껌벅였다.

"이 아이들이 널 구했어."

김영란 소장이 아이들을 구세원 앞으로 밀었다.

"어? 너희가 왜 아직 여기에……."

이제야 아이들을 알아본 듯, 구세원이 놀라 몸을 일으켰다.

"비상벨 소리를 늦게 들었어요."

"아이들을 데리고 탈출했어야지. 난 누나가……."

안느의 말에 구세원이 김영란 소장을 올려다봤다. 그러다 두 손으로 얼굴을 가리고 고개를 숙였다.

"물 마셔."

김영란 소장이 구세원에게 물컵을 건넸다. 김영란 소장과 구세원을 보고 수호와 안느가 눈길을 주고받았다.

번쩍! 본부 밖에서 번개가 쳤다. 쾨쾅! 놀랄 사이도 없이 요란하게 천둥이 뒤따랐다.

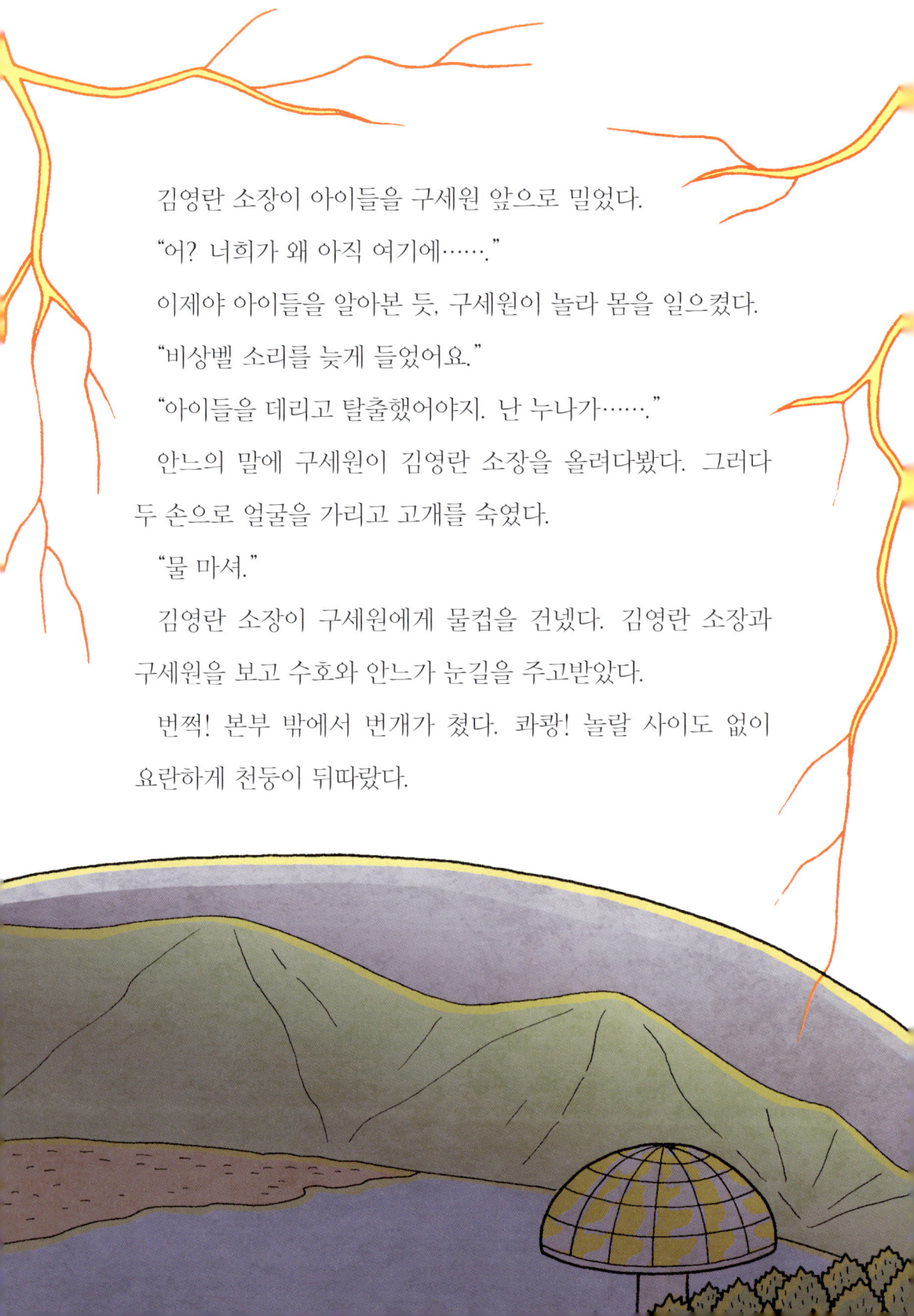

"으악!"

다들 비명을 지르며 움찔했다. 갑자기 사방이 어두워지고 B612를 덮은 유리 벽 위로 커튼처럼 물이 흘러내렸다. 콰쾅! 다시 번개와 거의 동시에 천둥이 쳤다.

"모두 나가야 해. 여기에 사람이 남아 있을 줄 몰랐어. 정말 미안하다!"

구세원이 입술을 깨물었다.

"아저씨가 왜 미안해요? 암튼 지금은 나갈 수 없겠는데요, 비가 엄청 와요. 인공 비 말고 진짜 비요."

세찬이가 유리창 밖을 보며 말했다.

"여긴 안전하잖아요. 지금 여길 나가도 있을 곳도 없고요."

수호가 창밖을 힐끔 보고 고개를 저었다.

구세원의 표정이 힘겨워 보였다.

"B612는 특수 유리가 완벽히 둘러싸고 있어요. 태풍이든 해일이든 여기까지 물이 들어올 순 없잖아요."

수호가 구세원을 몰아붙였다. 구세원은 뭔가 알고 있다. 하지만 숨기고 있고 김영란 소장도 그걸 알고 있다. 수호는 화가 났다. 내가 친구들을 믿을 수 없는 사람들에게, 위험한 곳으로 데려왔어!

"수도관에 문제가 있어요. 고쳐 보려 했는데 실패했어요."

김영란 소장의 말에 수호가 물었다.

"제가 만든 상수관 진단 로봇 있잖아요. 그걸 상수도관에 넣으면 어디에 문제가 있는지 알아낼 수 있어요. 수도관으로 들어가는 입구는 어디 있어요?"

"물에 잠긴 지하 2층에 있어요. 하지만 수도관을 고쳐서 해결할 상황은 아닌 것 같아요."

김영란 소장이 수호 어깨에 손을 올린 채 수호의 눈을 쳐다봤다.

"묻고 싶은 게 많겠지만, 세원이는 쉬어야 해요. 관제실에서 기다려요. 내가 뒤따라갈게요."

안느와 세찬이가 김영란 소장과 수호 눈치를 보다, 먼저 양호실을 나갔다.

"고마워. 너희가 날 살렸어."

구세원의 말에 수호가 돌아보자, 구세원이 씁쓸하게 웃으며 손을 들었다. 수호는 양호실을 나갔다.

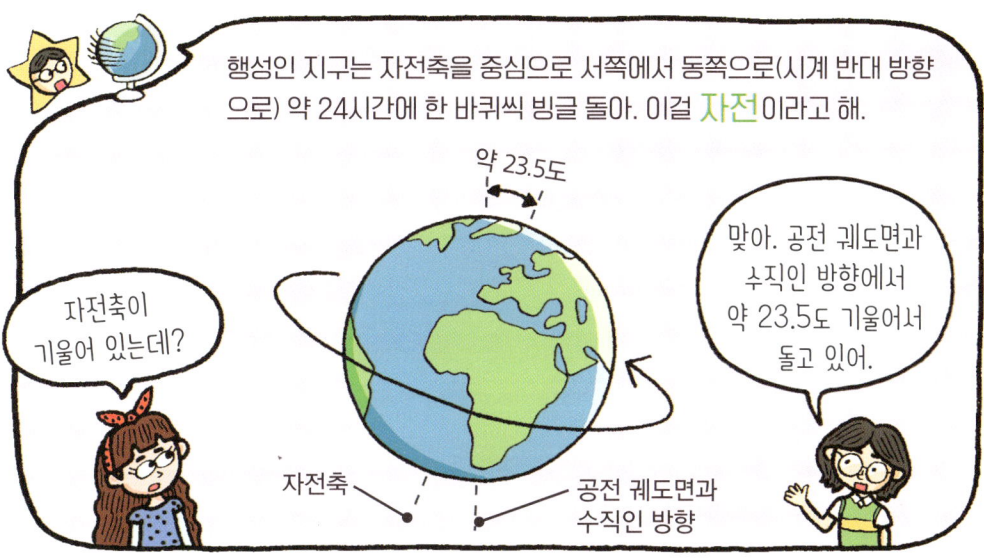

지구의 위성, 달

달은 매일 동쪽에서 떠서 남쪽 하늘을 지나 서쪽으로 사라져. 달이 움직이는 것처럼 보이는 이유는 지구의 자전 때문이야. 지구가 매일 서쪽에서 동쪽으로 자전하기 때문에, 달이 지구 자전 방향과 반대인 동쪽에서 서쪽으로 움직이는 것처럼 보이는 거야.

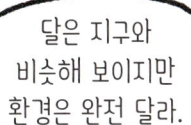
달은 지구와 비슷해 보이지만 환경은 완전 달라.

훗, 세찬이와 나만큼 다른가 보지? 우린 같은 사람이지만 많이 다르지.

너 그거 나 무시하는거지.

크고 작은 충돌 구덩이가 많은데 운석이 부딪히거나 화산이 폭발한 자국이야.

달에는 '달의 바다'라는 곳이 있는데, 실제로 지구처럼 물이 있는 게 아니라 어둡게 보이는 곳을 말해.

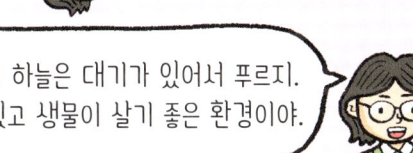

지구의 하늘은 대기가 있어서 푸르지. 물이 있고 생물이 살기 좋은 환경이야.

하지만 달의 하늘은 대기가 없어서 바로 우주가 보여. 물도 없고, 생물이 살기 알맞지 않은 환경이지.

LEVEL UP 지구에서 보는 달의 모양이 늘 달라지는 이유를 알고 싶으면, 160쪽 과학 레벨업 하기를 살펴봐!

하천에 물이 흐르다 가끔은 홍수가 나기도 해.
물이 하천 밖으로 넘쳐흐르지.
넘친 물은 범람원이란 지형을 만들어.
이렇게 지구에는 물을 비롯한 자연이 빚어낸
여러 지형들이 있어. 이번에는
범람원과 지구의 지형들을 알아보자.

"소장님과 아저씨가 뭔가 숨기고 있어."

수호가 관제실에 도착하자마자 불쑥 말했다. 안느와 세찬이가 수호 쪽으로 의자를 끌고 와 앉았다.

"생각해 봐. 아무 문제없는데 비상벨이 울렸어. 연구원들은 우리 찾지도 않고 다 탈출했고, 아저씨는 여기 있잖아. 특수 유리로 둘러싼 B612에 물이 찬다고 하고. 무엇보다……."

안느가 수호 앞으로 의자를 바짝 끌어왔다.

"아까 아저씨가 소장님한테 누나라고 했어. 좀 전에 생각났는데, 김영란 소장님은 K마스 회장 딸이야."

"그렇지? 나도 의심스러웠어. 아저씨랑 김영란 소장님이랑 엄청 닮았잖아. 그 이상한 방에서 본 사진이랑도 닮은 거 같아. 근데 성이 달라서 아닌가 했거든."

수호 말에 안느가 흥분했다. 세찬이도 한마디 거들었다.

"나도 할 말 있어. 어제 통나무집에서 아저씨를 본 거 같아."

"뭐……? 그걸 왜 이제 말해?"

안느가 소리 질렀다.

"아저씨는 여길 나갔을 테니까 잘못 본 줄 알았지. 그리고 그 사람은 다리를 절었단 말이야."

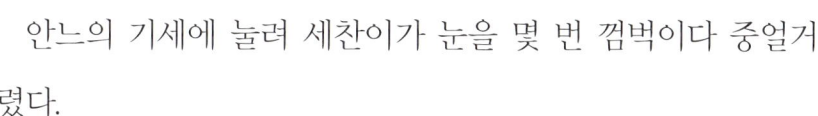

안느의 기세에 눌려 세찬이가 눈을 몇 번 껌벅이다 중얼거렸다.

"하긴 아저씨는 다리를 절지 않지. 그럼, 어딜 다쳤나?"

안느가 고개를 갸웃거렸다.

"아저씨는 뭐 하는 사람이야? 연구원이야? 혹시 우리가 못 만난 전산실 담당자가……?"

"그거야!"

갑자기 수호가 무릎을 탁 치며 일어났다.

"K마스 전산실 팀장은 과학계에선 천재로 유명해. 전자 공학, 컴퓨터, 기상, 지질, 우주 공학 전문가고, B612 시스템도 혼자 다 만들었댔어. 그 전산실 팀장이 누군지는 지금까지 몰랐거든! 구세원 아저씨가 K마스 전산실 팀장이 분명해! 와, 세찬이 대단하다, 대단해!"

수호가 세찬이 팔을 마구 흔들었다. 이제야 퍼즐 조각들이 다 나온 것 같았다!

"야, 나 무서워! 그럼, 아저씨가 B612를 폐쇄한 거야? 물에 잠기게 하려고?"

안느는 두 팔을 감쌌다. 소름이 끼쳤다.

"다 알았군요."

김영란 소장이 관제실로 들어왔다.

"소장님!"

아이들이 당황해서 뒤로 물러났다.

"시간이 별로 없어요. 그래도 설명은 해야겠죠."
김영란 소장이 의자에 앉았다.
"세원이와 나는 남매예요. 내가 열한 살 때, 엄마가 새아빠와 결혼해서 세원이를 낳았어요. 새아빠가 K마스 회장이고, 박응수 사장은 외삼촌이에요."
김영란 소장이 말하기 힘든 듯 숨을 깊이 들이마셨다.
"엄마는 원인을 알 수 없는 환경병에 걸렸어요. 원인을 모르니 고칠 수도 없었죠. 새아빠는 엄마를 위해 아무도 살지 않는 오목섬으로 이사했어요. 그리고 이 섬을 가이아 여신에게 바치고, 이름도 가이아로 바꿨어요."
"지하 검은 방에 있는 조각상이 가이아 여신이죠?"
세찬이가 물었다.

영란아, 이거 봐, 메뚜기.

"그 방을 봤군요. 그래요, 가이아는 대지의 신, 만물의 어머니예요. 새아빠는 지구가 생물처럼 살아 있고, 오염되어 엄마가 아픈 거라 믿었어요. 늘 그 방에서 기도를 드렸죠."

"구세원 아저씨가 밭 근처 통나무집에서 태어났댔어요." 안느가 말했다.

"세원이는 부모의 보살핌을 받지 못했어요. 엄마는 늘 아팠고, 아빠는 아픈 엄마만 신경 썼으니까. 난 외삼촌 댁에서 지냈는데, 내가 오면 세원이는 항상 손가락을 빨면서 내 눈치를 보고 주위를 맴돌았어요. 그럴 때마다 난 짜증이 났던 것 같아요."

"외롭고 심심하니까 누나한테 의지하려던 거잖아요." 세찬이가 불쑥 말했다. 어린 구세원이 불쌍했다.

"맞아요. 나라도 동생을 돌봤어야 했는데……. 세원이가 8살 때 엄마가 하늘나라로 떠났고, 새아빠는 더 이상해졌어요. 세원이까지 하루 종일 가이아 여신에게 기도하라고 강요했대요. 그러다 갑자기…… 새아빠가 사라졌어요."

"어머!"

안느가 놀라 입을 가렸다. 세찬이와 수호도 놀라 움찔했다.

"결국 어린 세원이만 섬에 남아 있었던 거예요. 외삼촌과 내가 돌아와 보니 비쩍 마른 아이가 선착장에 웅크리고 앉아 있었어요. 난…… 내가 동생에게…… 너무 했어요."

김영란 소장의 눈에서 주룩 눈물이 흘렀다.

세찬이가 안절부절못하다 벌떡 일어나 주머니에서 휴지를 꺼내 김영란 소장에게 건넸다. 김영란 소장이 휴지를 받으며 살짝 미소를 지었다.

그때였다. 문 앞에 구세원이 나타났다.

김영란 소장이 구세원에게 한 걸음 다가섰다.

"가이아를 오염시키려는 게 아니야. 화성을 오염되지 않은 지구처럼 만들려는 거야."

"사람은 자연을 오염시킬 뿐이야. K마스 프로젝트는 망해야 한다고!"

구세원이 거칠게 고개를 저었다.

"알았어. K마스 프로젝트를 멈출게. 그러니까 너도 멈춰."

"이미 늦었어. 가이아는 오염되었어. 이곳을 물로 씻어서 신성한 가이아로 되돌려야 해."

구세원이 바지를 올렸다. 무릎부터 발목까지 플라스틱 보호대를 차고 있었다. 구세원이 보호대를 풀고 절룩거리며 김영란 소장에게 다가왔다.

"나도 엄마처럼 아프기 시작했어. 다리가 아파서 잠도 못 자는데, 의사는 원인을 모르겠대. 나도 환경병일 거야."

"세상에! 세원아!"

김영란 소장이 달려가 구세원을 부축했다.

"누나의 친절이 필요했던 건 아주 오래전이야."

구세원이 김영란 소장의 팔을 뿌리쳤다.

구세원을 지켜보던 안느, 세찬, 수호는 아무 말도 할 수 없었다. 구세원이 불쌍했고 무서웠다. 그런데 안느가 구세원에게 주춤주춤 다가가 옷소매를 살짝 잡았다.

"아저씨, 저희는 자연을 해치지 않아요. 꽃도 동물도 좋아해요. 길고양이들 보호하려고 비밀 고양이 클럽인 '비고'도 만들었어요!"

"저도 구세원 아저씨의 계획엔 절대 반대예요. 왜냐고요? 만에 하나라도 제가 다치면, 우리 할머니 난리 나거든요. 그러니까 저는 친구들과 안전하게 집으로 돌아가야 해요."

"어른은 어린이를 보호할 의무가 있어요. 우리를 끝까지 보호해 주세요!"

구세원은 안느, 수호, 세찬이가 자신을 설득하려고 간절한 눈빛을 보내자, 조금 당황했다. 구세원은 아이들의 눈길을 피해 창밖으로 시선을 돌렸다.

"아!"

갑자기 구세원이 탄식을 하며 다급하게 창가로 다가갔다.

계획대로 B612는 물에 잠기고 있었다. 성공이다! 하지만……. 쉬지 않고 쏟아지는 인공 비에 산의 흙이 무너지고 나무가 뿌리를 드러낸 채 산비탈에 쓰러져 있었다. 우리에 물이 차오르자 염소들은 애타게 울며 우왕좌왕했다. 쉬지 않고 열심히 자란 농작물은 물에 잠겨 보이지 않았다.

'계획은 성공했어. 그런데 왜 기쁘지 않지? 아, 마루! 마루는 무사할까?'

구세원은 혼란스러웠다.

짝짝짝! 갑자기 세찬이가 박수를 쳤다. 다들 움찔 놀라 세찬이를 쳐다봤다.

"자, 자, 자! 여러분, 10분 뒤에 현관 앞에서 모입시다. 다 같이, 안전하게, 집으로 돌아가자고요!"

세찬이의 재촉에 구세원이 뭔가 말하려다 망설였다. 구세원은 고개를 끄덕였다.
　"꼭 이 물길을 뚫고 가야 하나요?"
　세찬이가 본부 계단까지 들어찬 물을 가리켰다. 상황은 생각보다 심각했다. 강에서 물이 넘쳐 자연 제방을 넘어 밭으로 흘러들었다. 수박, 참외, 콩은 물에 잠겨서 보이지 않았고, 물에 휩쓸려 자연 제방을 넘어온 물고기들이 펄떡거렸다.
　"저기 이상해요!"
　수호가 B612의 북쪽을 가리켰다. 검푸른 해일이 밀려와 B612를 덮쳤다. 유리 벽에 부딪힌 파도가 부서지며 하얀 거품이 유리 벽을 타고 흘러내렸다. 파도가 유리 벽을 내리치는 소

리가 들렸다. 파도는 쉬지 않고 유리 벽 천장까지 덮었다.

"쓰나미……, 예상보다 일찍 왔어."

구세원이 얼어붙었다.

물이 차오르자, 염소 우리에서 염소들이 매애~ 매애~ 울며 우리 한쪽으로 몰려들었다.

"여러분은 저 길을 따라가서 언덕 꼭대기에서 기다려요."

김영란 소장이 B612 출입문으로 이어진 노란 길을 가리켰다. 그리곤 염소 우리를 향해 달려갔다. 하지만 이미 물이 무릎 높이까지 차서 속도를 낼 수 없었다.

안느는 망설이지 않고 김영란 소장을 따라나섰다.

"야, 유안느! 위험해!"

수호가 소리쳤다. 하지만 어느새 수호도 세찬이와 함께 동물을 구하러 가고 있었다.

"다 나와! 산으로 올라가!"

김영란 소장이 우리 문을 열자 염소들이 밖으로 달려 나왔다. 닭장 문도 열었다. 닭이 안 나오려 하자, 닭장 안으로 들어가 두 팔을 휘둘러 닭을 밖으로 내몰았다. 꼬꼬댁 꼬꼬댁! 닭들이 날개를 펄럭이며 닭장 지붕 위로 날아올랐다.

"돼지 우리에 물이 많이 찼어."

안느가 새끼 돼지 두 마리를 안고 세찬이와 수호에게 다가왔다. 세찬이와 수호가 얼른 새끼 돼지를 한 마리씩 받았다.

"돼지 우리엔 내가 갈게요. B612는 오목한 섬이라 이곳에 물이 다 고여요. 그러니까 얼른 높은 곳으로 피해요."

김영란 소장이 돼지 우리로 향하며 아이들에게 말했다.

오리들이 물에 잠긴 밭에서 헤엄쳤다. 돼지 우리에서 나온 돼지들은 꾸에엑 꾸엑 비명을 지르며 산으로 달아났다. 고양이들은 나무 위로 피했다. 쥐 한 마리가 염소 우리 기둥 끝에 서서 달아날 곳을 찾고 있었다.

"어, 쟤 좀 봐. 여기에 개도 사나 봐."

두 귀가 축 늘어진 누런 개 한 마리가 물에서 버둥대며 안느 쪽으로 다가왔다. 안느가 서둘러 개를 안았다. 목에 '마루'라 적힌 이름표가 묶여 있었다. 마루는 앞다리로 안느 팔을 꽉 붙들었다. 꼬리가 다리 사이에 말려 들어갔다.

"아우, 얘 꼬리 봐. 완전 겁먹었어."

안느가 세찬이를 어깨로 툭 치곤 턱으로 쥐를 가리켰다. 세찬이가 고개를 저었다. 하지만 안느가 눈을 부라리자 머뭇머뭇 쥐에게 다가갔다. 처음에는 소름 끼쳤는데, 가까이서 보니 제법 귀엽게 생긴 쥐였다. 세찬이는 가방에 쥐를 넣었다.

"아저씨, 정신 차려요!"

안느가 구세원에게 소리쳤다.

구세원은 동물들이 아우성치는 모습을 멍하니 보고만 있었다. 입술이 떨리고 눈물이 고였다. 본부에서 창을 통해 본 것보다 동식물의 고통은 더 컸다.

"나는 이건 생각도 못했어……. 이러려던 건 정말 아니야."

구세원이 두 손으로 거칠게 눈물을 닦았다.

"다 내 잘못이야. 내가 바로잡을게."

구세원이 물을 헤치고 본관으로 허겁지겁 달려갔다.

"어휴, 다행이다! 드디어 아저씨가 B612를 구할 건가 봐."

수호가 구세원이 달려가는 모습을 보며 세찬이에게 말했다.

"어른이 우니까 좀 불쌍하다. 악!"

세찬이는 버둥거리는 새끼 돼지 머리에 코를 맞아 눈물이 핑 돌았다.

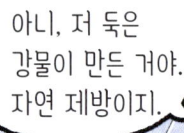

범람원

홍수 전
홍수 전에는 잘 흐르던 강물이

홍수 시

홍수가 나면 밖으로 넘쳐. '범람'하는 거지. 이때 강 밑에 있던 자갈과 모래, 흙도 강 밖으로 넘쳐 나와.

홍수 후

이렇게 생겨난 지형을 범람원이라고 해. 양쪽에 길게 솟은 자연 제방과 넘친 흙이 쌓인 평평한 배후 습지로 이루어져.

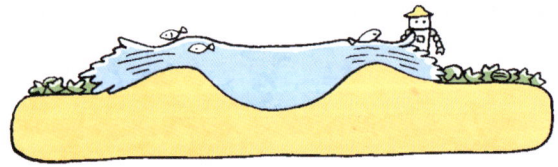

자연 제방이 만들어지는 과정

지구의 여러 지형들

 지구에는 이렇게 물을 비롯해 자연이 만들어 낸 다양한 지형들이 있어.

강

갯벌

계곡

들

바다

빙하

사막

산

화산

호수

이 코끼리 바위도 내가 만들었지롱~.

바닷가에도 다양한 지형이 있어.
바다로 흘러든 하천과 바닷물이 만나거나
파도에 의해 여러 가지 지형이 만들어져.
해수욕장이 있는 모래 해안, 병풍 같은 바다 절벽,
바닷가 동굴 같은 거 말이야.
그럼, 바닷가에서 볼 수 있는 해안 지형을
만나러 가 볼까?

아이들은 B612 출입문이 보이는 언덕에 도착했다. 반대쪽 언덕 아래로 모래 언덕과 모래사장 사이에 난 노란 길이 보이고, 그 끝에 B612 출입문이 있었다.

수호가 큰 떡갈나무 아래 바위에 앉았다. 우거진 나뭇잎이 인공 비를 막아 바위는 젖지 않았다. 수호 품에서 벗어나려고 버둥거리던 새끼 돼지는 어느새 잠이 들어 조용했다.

"이 와중에도 잠이 오나 보네."

안느가 가방에서 수건을 꺼내 새끼 돼지 몸에 묻은 물기를 닦아 주었다. 마루도 몸을 부르르 떨어 물기를 털어 냈다.

세찬이가 가방을 바닥에 내려놓고 열었다. 쥐가 머리만 내놓고 주위를 살피다 후다닥 나무 사이로 달아났다. 근처 나뭇가지엔 새와 다람쥐들이 비를 피해 앉았고, 염소와 토끼, 돼지, 양, 닭 등도 홍수를 피해 모여들었다.

"아저씨가 어떻게 한 걸까?"

안느가 언덕 아래를 내려다보며 물었다.

"수도관을 망가뜨려서 본부에 물이 차게 하고, 인공 비도 계속 쏟아지게 조작했겠지."

세찬이가 대답했다. 수호가 덧붙여 설명했다.

"전산 팀장이니까 B612에 가짜 경고음을 울려서 사람들이 탈출하게 하고, B612의 시스템을 안전 모드로 바꿔서 문을 닫았을 거야. 또 기상학, 지질학 전문가니까 태풍과 쓰나미가 언제 오는지도 알았겠지. 때맞춰 방조제 수문을 열어서 바닷물이 쓰나미에 밀려 들어오게 했을 거야."

"아저씨 나쁘다."

안느가 중얼거렸다.

"지금은 아저씨가 구하고 있잖아. 인공 비도 멈췄고."

수호가 유리 천장을 올려다보며 말했다.

"어! 진짜 비가 그쳤네?"

세찬이가 수호를 따라 천장을 올려다보다 벌떡 일어났다. 어느새 유리 벽에 휘몰아치던 태풍과 폭우가 사라지고, 비에 젖은 유리 벽이 반짝이고 있었다.

"이 녀석들, 엄청 날쌔네요. 쫓아가다 넘어졌어요."

김영란 소장이 새끼 돼지 세 마리를 안고 과수원 옆길로 올라왔다. 머리에서 뚝뚝 흙탕물이 떨어졌다. 안느가 달려가서 새끼 돼지를 한 마리 넘겨받았다.

"아저씨 왔어."

수호가 안느, 세찬이에게 다가가 조그맣게 말했다.

구세원이 언덕을 올라오다 수호 일행을 보고 멈칫했다. 하지만 다시 일행에게 걸어왔다.

"쓰나미는 서너 시간 정도면 멈추니까 곧 잠잠해질 거야. 바닷물도 다시 수문 밖으로 빠져나갈 거고. 하지만 쓰나미는 또 올 수 있어. 지금 가이아를 나가야 해."

"어떻게 나가요? 안전 모드에서는 문을 열 수 없다던데요?"

안느가 수호를 흘깃 보며 구세원에게 물었다.

"안전 모드는 풀었어. 119 구조대도 불렀고, K마스 본부에도 보고했어. 저기…… 내가 어리석었어. 모두에게 너무 부끄럽고 미안해. 이곳의 모든 동식물에게도 사과하고 싶어."

마루야, 너한테도 미안해!

구세원이 아이들에게 고개를 숙여 사과했다. 아이들이 서로 마주 봤다. 이럴 땐 뭐라고 대답하지?

"갑시다, B612 밖으로!"

안느가 한 손을 번쩍 들고 앞장섰다.

안느, 세찬, 수호, 구세원과 김영란 소장이 새끼 돼지를 한 마리씩 안고, 노란 길을 따라 언덕을 내려갔다.

"바닷물이 저쪽으로 밀려가서 강이 넘쳤어."

구세원이 노란 길의 왼쪽 해안을 가리켰다. 강과 바다가 만나는 곳이라 강이 운반해 온 모래와 흙이 부채꼴 모양으로 쌓이는 곳이다. 하지만 지금은 강으로 거세게 밀려 들어갔던 바닷물이 흘러나오고 있었다. 그 바닷물은 열린 수문을 통해 바다로 빠져나갔다.

세찬이는 반대쪽 해안을 둘러봤다. 오른쪽 해안에는 병풍처럼 생긴 해안 절벽과 바다 쪽으로 툭 튀어나온 곳이 있었다. 해안 절벽 옆으로 구름다리처럼 생긴 해식 아치와 촛대처럼 삐죽 솟은 바위가 보였다.

"저거 거북이야? 저기 모래사장에 엎드린 거 거북이 맞지?"

세찬이 거북 로봇을 발견하고 소리쳤다.

거북 로봇은 곶의 모래사장에 엎드려 있었다. 로봇의 등갑에는 육각형 모양의 태양광 패널이 다닥다닥 타일처럼 붙어 있었고, 앞뒤는 자동차처럼 투명한 유리로 되어 있었다. 두 눈은 헤드라이트였고, 관절이 구부러지는 4개의 다리엔 물갈퀴가 달려 있었다.

"거북 로봇 탱탱이야. 지금 태양광 충전하는 거야."

수호가 말했다. 가방엔 여전히 탱탱이 조종기가 있었다.

B612에 왔을 때부터 탱탱이를 테스트하고 싶었다.

"와! 태양광 충전하기 좋은 날씨다!"

수호가 하늘을 올려다보며 두 팔을 쭉 뻗었다. 태풍이 지나고 나니 쓰나미도 잠잠해져서 햇빛에 눈이 부셨다.

아이들과 구세원 남매는 B612 밖, 방조제에 앉았다. 바닷바람이 시원했다.

"헬리콥터 타고 여기 온 게 삼만 년은 된 거 같아."

안느는 무릎에 팔꿈치를 올리고 두 손으로 얼굴을 받쳤다.

"어, 어, 어……!"

세찬이가 벌떡 일어나 수평선을 가리켰다. 반짝이는 수평선 너머로 헬리콥터의 프로펠러가 보였다.

"여기요, 우리 여기 있어요!"

세찬이가 119 구조 헬리콥터를 향해 펄쩍 뛰어오르며 두 팔을 마구 흔들었다. 안느와 수호도 일어나 손을 흔들었다.

119 구조 헬리콥터가 회오리바람을 일으키며 방조제 끝에 내려앉았다. 구조대원이 헬리콥터에서 내렸다. 프로펠러가 만들어 내는 거센 바람에 구조대원이 몸을 숙여 다가왔다.

"구조 요청 신고 받고 왔습니다. 다시 쓰나미가 올 수 있으니 서둘러야 합니다."

구조대원이 세찬이의 어깨를 감싸고 헬리콥터까지 데려갔다. 그 뒤를 구세원이 안느를 보호하며 헬리콥터에 태웠다.

"너희 부모님들께도 연락드렸어. 구조대원 아저씨들이 우리가 헬리콥터를 탔던 비행장까지 데려다줄 거야."

구세원이 세찬이와 안느에게 말했다.

"진짜요? 울 엄마랑 아빠랑 왔어요?"

안느 눈에 눈물이 그렁그렁 맺혔다.

"지금쯤 도착하셨을 거야. 잘 가. 너희한테 너무 고맙고 미안했다."

구세원이 안느, 세찬이와 차례로 눈을 맞추며 말했다.

"우리랑 같이 안 가요?"

수호가 김영란 소장에게 물었다.

"새끼 돼지들도 걱정이고, 동료들이 오기 전에 B612도 복구해야 하니까요. 그렇지?"

김영란 소장이 두 사람에게 다가오는 구세원을 보며 웃었다.

"응!"

구세원도 환하게 웃었다.

"자~ 자~, 서두릅시다."

구조대원이 수호를 재촉했다.

"이거 탱탱이 조종기예요. 구세원 아저씨가 저 대신 테스트해 주세요. 음, 그리고 다음에 꼭 다시 만나요."

수호가 가방에서 조종기를 꺼내 구세원에게 건넸다.

"그래. 내가 꼼꼼하게 테스트할게. 고맙다."

구세원이 조종기를 받고 고개를 끄덕였다.

구조대원까지 헬리콥터에 타자, 위이~잉 프로펠러가 빠르게 돌더니 헬리콥터가 떠올랐다.

안녕, B612….

"참! 저 건의 사항이 있는데요. 누구나 안전 모드를 풀 수 있고, 누구나 저 문을 자유롭게 드나들 수 있게 해 주세요. 꼭이요!"

안느가 세찬이를 뒤로 밀치고 창밖으로 소리쳤다. 김영란 소장과 구세원이 웃으며 고개를 끄덕였다.

"안녕히 계세요."

부모님이 기다리는 비행장으로 출발하는 헬리콥터 안에서 안느와 세찬, 수호가 세차게 손을 흔들었다. 유리구슬 속 작은 지구, B612가 점점 멀어졌다.

바닷가 주변 지형

석호
원래 바다였는데 퇴적물이 바다를 막아 생긴 호수야.

모래사장
파도가 해안으로 모래를 운반해서 쌓아 두기도 해. 파도의 퇴적 작용이지. 이렇게 모래가 쌓인 게 모래사장이야.

바다 지형? 바다가 만들었다는 거야?

바다에는 항상 파도가 쳐. 파도는 육지를 깎고, 모래를 쌓으면서 오랫동안 조금씩 해안 지형을 바꾸지.

해식 절벽
바다와 맞닿은 절벽이야. 파도가 암석을 깎아서 가파른 절벽을 만든 거지. 해식애라고도 해.

해식 아치
파도가 바닷가 암석을 계속 깎는데, 단단한 부분만 남고 무른 암석은 다 깎여서 암석이 뚫린 거야. 구름다리처럼 생겼지?

해식 동굴
파도는 해안 절벽에 동굴을 만들기도 해.

갯벌
파도가 해안에 고운 모래와 흙을 퇴적해서 만든 평평한 땅이야. 바닷물이 밀려드는 밀물일 때는 바다에 잠기고, 바닷물이 빠져나가는 썰물일 때는 육지가 돼.

해식 기둥 (촛대 바위)
파도 때문에 육지와 분리된, 촛대처럼 생긴 바위섬이야.

이제 다 끝난 줄 알았지?
아직 하나가 더 남았어!
바로 '과학 레벨업 하기!'
여기까지 정복하면, 어디서든 지구에 관한
과학 지식을 뽐낼 수 있을 거야.
그럼, 진짜 마지막 이야기, 시작한다!

민물과 바닷물은 어떻게 다를까?

바닷물은 염분(소금기)이 많아서 무척 짜. 반면 민물은 염분이 적어서 짜지 않지. 지구의 물 중 민물은 약 3퍼센트이고, 바닷물이 약 97퍼센트나 돼. 민물에는 이런 물들이 있어.

강과 호수의 물이 민물이야. 우리가 일상에서 주로 사용하는 물이지. 식수나 농사지을 때, 공장에서 사용해.

얼음도 민물이야. 남극, 북극의 빙하와 높은 산의 만년설 같은 거 말이야. 근데 너무 춥거나 높은 곳에 있는 얼음이라 우리가 사용하기는 어려워.

눈이나 지하수, 수증기도 민물이지만, 역시 우리가 사용하기 어렵지.

달의 모양은 왜 늘 달라질까?